명화로 만나는 생태

국립생태원 참여 연구원

[정보제공 및 감수]
강종현(조류)　　권인기(조류생태)
정진우(조류생태)　이은옥(조류)
문혜영(미술사)

[기획위원]
강종현(생태교육)　　김경순(복원연구)
김영건(복원연구)　　문혜영(출판기획)
박상홍(생태전시)　　박영준(연구정책)
유연봉(출판기획)　　이진원(출판기획)
이태우(생태조사)　　차재규(생태평가)

명화 선정 자문
이주헌(미술평론가)

명화로 만나는 생태
❷ 조류

발행일 2021년 8월 17일 초판 1쇄 발행 | 2022년 12월 5일 초판 2쇄 발행

글 김성화·권수진 | 그림 이철민
발행인 조도순 | 기획 국립생태원
책임편집 최인수 | 편집 문혜영
외주진행 공간D&P(편집 임형진 | 디자인 권석연)
발행처 국립생태원 출판부
신고번호 제458-2015-000002호(2015년 7월 17일)
주소 충남 서천군 마서면 금강로 1210 / www.nie.re.kr
문의 041-950-5999 / press@nie.re.kr

© 국립생태원 National Institute of Ecology, 2021
ISBN 979-11-6698-002-2 74400   979-11-6698-000-8 (세트)

[일러두기]
명화 정보는 작품명, 작가명, 제작 연도, 소장처 순서입니다. 정보가 없을 경우 표시하지 않았습니다.

이 책에 실린 모든 글과 그림을 저작권자의 허락 없이 무단으로 사용하거나
복사하여 배포하는 것은 저작권을 침해하는 것입니다.

⚠ **주의** 다칠 우려가 있습니다. 본 도서를 던지거나 떨어뜨리지 않도록 주의하십시오.
★ 환경 보전을 위해 친환경 용지를 사용하였습니다.

글 김성화·권수진 / 그림 이철민

들어가는 글

명화로 만나는 새 이야기

달랑 한 장!
앞뒤 쪽도 표지도 없고, 심지어 제목조차 없는 것이 있지만, 그림은 세상에서 가장 짧은 책이야. 하지만 어쩌면 가장 천천히 읽는 책일지도 몰라. 몇 백 년, 몇 십 년 전에 화가의 마음이 한 장의 그림이 되었는데, 오랜 시간이 흘러 앞에 있는 너에게 이야기를 들려줘.
그림을 들여다보고 또 들여다보면 궁금해질 거야. 누가 그렸을까? 왜 이걸 그렸을까? 왜 이렇게 그렸을까? 그림 속에서 무슨 일이 벌어지고 있는 거지? 그 속에 숨어 있던 이야기가 점점 보여.
이 책에 나오는 그림에도 이야기가 숨어 있어. 무너진 우물이 있는 이상한 마을, 그리스의 신들과 성경 속 인물, 방금 총성이 울린 바다, 금세 폭풍우가 칠 것 같은 불안한 밀밭, 우아한 부인과 소년 그리고 그 속에 등장하는 새들의 이야기! 새는 그림 속에서 주인공이 되기도, 특별한 엑스트라가 되기도 해. 어떤 새는 슥슥 몇 번의 붓질만으로 푸드득 소리가 들리는 것 같고, 어떤 새는 사진보다 정교하고, 어떤 새는 당장이라도 사람처럼 말을 할 것 같고, 어떤 새는 재밌는 수수께끼처럼 보여.
새는 깃털이 있고, 날개가 있고, 부리가 있고, 알을 낳는 신기한 동물이야.

들어가는 글

학자들은 '조류'라고 분류하지만, 우리는 새라고 부르는 걸 더 좋아해. 새는 하늘과 땅 '사이'에 있다고 새라고 불리게 되었어! 하늘과 땅 사이에 있는 동물이라니! 우리는 아무리 힘껏 뛰어올라도 도로 땅으로 떨어지고 마는데, 새는 지구 어디서도 벗어날 수 없는 무시무시한 중력을 이기고 저렇게 하늘 가운데 떠 있다니 말이야.
만약에 지구에 새가 없었다면 사람은 비행기를 만들 생각도 못했을지도 몰라!
도대체 공중에서 살아가는 놀라운 동물이 어떻게 생겨났을까? 어떻게 하늘을 날 수 있을까? 그런데 하늘을 날지 않고 바다로 들어간 새도 있어! 혹시 새들이 모두 비슷비슷해 보여? 공작, 고니, 기러기, 흰뺨오리, 매, 독수리, 따오기, 두루미, 갈매기, 비둘기, 올빼미, 딱따구리…….
이 책에 나오는 새들 대부분은 어디선가 듣고, 어디선가 보았을 거야. 하지만 찬찬히 들여다보고 비교해 본 적은 별로 없을걸. 그림 속 새들을 가만히 들여다봐. 새가 조금 궁금해진다면 새들이 살아가는 이야기도 잘 들을 준비가 된 거야.

차례

들어가는 글 /4

공작 〈횃대 위의 공작과 칠면조, 꿩 그리고 우물가의 가금류〉, 아드리안 반 위트레흐트 /8

고니 〈천문학의 뮤즈 우라니아와 함께한 빛과 웅변, 시, 예술의 신 아폴론〉, 샤를 메이니에 /18

기러기 〈갈대와 기러기〉, 안중식 /26

흰뺨오리 〈오른쪽과 왼쪽(동시 명중)〉, 윈슬로 호머 /34

매 〈호취도〉, 장승업 /42

독수리 〈가니메데스의 납치〉, 안토니오 다 코레조 /52

따오기 〈카르나크 신전 홀에서 따오기에게 먹이를 주는 여인〉, 에드워드 존 포인터 /60

두루미 〈구름과 학이 상감된 청자 매병(청자 상감 운학문 매병)〉 /68

갈매기 〈갈매기가 있는 해안 풍경〉, 퍼시 보빌 /76

비둘기 〈방주로 돌아온 비둘기〉, 존 에버렛 밀레이 /84

차례

올빼미 〈흰 올빼미〉, 윌리엄 제임스 웹 / 92

물총새 〈물가의 물총새〉, 반 고흐 / 100

딱따구리 〈아이보리 색 부리를 가진 딱따구리들〉, 조지프 바르톨로뮤 키드 / 108

제비 〈패랭이꽃과 제비(화조도)〉, 전(傳) 김식 / 116

참새 〈매화, 대나무, 새를 그린 백자 청화 병(백자 청화 매조죽문 병)〉 / 124

까치 〈까치〉, 모네 / 132

까마귀 〈까마귀가 나는 밀밭〉, 반 고흐 / 140

앵무새 〈여인과 앵무새〉, 루이 에밀 빌라 / 150

벌새 〈난과 두 마리의 벌새〉, 마틴 존슨 히드 / 160

펭귄 〈구성(소용돌이 꼴)〉, 오귀스트 에르뱅 / 168

찾아보기 / 178
참고 도서 / 180

횃대 위의 공작과 칠면조, 꿩
그리고 우물가의 가금류
아드리안 반 위트레흐트, 1652년

공작

여기는 새들만 사는 마을이야.

정말?

글쎄. 우물에는 두레박이 걸려 있지만 우물 벽이 부서져 있고,
사람들은 아무도 없잖아. 대신 대머리 칠면조 1마리가 우물 앞에
당당하게 서 있어. 닭과 꿩과 오리 호위 무사들을 거느리고 말이야.
하지만 이 마을의 진짜 왕은 공작이야!
공작 부부가 높은 횃대 위에서 칠면조를 내려다보고 있어. 땅에까지
늘어뜨린 어마어마한 꽁지깃이 보여? 머리에는 벼슬 왕관도 있어.
닭이 보아도 오리가 보아도 공작은 정말 새들의 왕처럼 보여.
아드리안 반 위트레흐트는 꽃과 해골 그림을 많이 그린 화가로
유명한데, 이 그림처럼 마을의 새들도 많이 그렸어.

꼬끼오! 닭 한 마리가 우물 위에 올라서서 공작에게 보고를 해.
"나이 든 사람이 지금 우리들을 그리고 있어욧!"
위트레흐트가 그린 새들은 정말 자기들끼리 말을 하고 회의도 할 수 있을 것만 같아.
공작이 소리쳐.
"꾸워어어엉! 사람이라고?"
"우리처럼 두 발로 돌아다니는 동물 말이에요."
"그럼 사람도 새 종류인가?"
푸하하! 공작이 정말 그렇게 말할지도 몰라. 새들이야말로 진정한 두 발 동물 아니겠어? 하지만 새들이 보기에 사람은 조금 불쌍할 거야. 자기들을 그리고 있는 나이 든 화가는 새에게는 없는 손으로 그림을 멋지게 그릴 수 있지만, 아무리 팔을 퍼덕여도 날지는 못 해. 게다가 옷을 홀딱 벗겨 놓으면 가늘고 짧은 털 외에는 몸을 보호해 줄 게 아무것도 없어. 공작과 칠면조와 닭들에게는 몸을 감싸 줄 포근하고 따뜻한 깃털이 있는데 말이야.
동물 중에 깃털이 있는 건 새뿐이야!
개구리는 피부가 매끌매끌해. 물고기와 뱀은 비늘이 있어.
사자와 원숭이는 털이 있고. 하지만 깃털은 없어.
만약에 새 마을에 과학자 새가 있어서 지구의 동물을 연구한다면 깃털이 있는 것과 없는 것, 두 종류로 구분할지도 몰라!

"물고기와 양서류, 파충류, 포유류는 깃털이 없어!
하지만 우리는 깃털이 있어!"

공작의 깃털을 봐!

깃털 중에 으뜸은 뭐니 뭐니 해도 공작의 꽁지깃이야.
어떤 동물도 이만큼 굉장한 것을 몸에 달고 있지는 않을 거야.
수사자의 멋진 갈기도, 목도리도마뱀의 비늘막도, 공작의 깃털 앞에서는 시시해 보여. 왕과 여왕의 옷을 만드는 최고의 재단사도 이렇게 아름다운 옷은 만들지 못했어.

공작의 꽁지깃 한 개 한 개마다 동그란 무늬가 있는데, 공작이 부채처럼 꽁지깃을 펼치면 꼭 수십 개의 눈이 쳐다보는 것 같아. 그래서 더 신비롭고 기품 있게 보이는지 몰라.

하지만 걱정도 돼.

깃털이 더없이 아름답지만 혹시 거추장스럽지 않을까? 이렇게 굉장한 깃털을 달고 날 수는 있을까? 깃털이 너무 길고 화려해서 사냥꾼이나 포식자에게 금방 들키지 않을까?

보통 때 공작은 꽁지깃을 접고 있어. 그래서 먹이를 잡거나 도망을 갈 때는 큰 문제가 없어. 공작이 꽁지깃을 부채처럼 펼칠 때는 암컷을 꼬드기려고 할 때야. **수컷만 이런 굉장한 꽁지깃을 갖고 있어.** 화려한 깃털로 암컷을 유혹하는 거야. 수컷의 깃털에 비하면 암컷의 깃털은 수수하고 평범해. 암컷은 알을 품고 있어서 사냥꾼이나 포식자들의 눈에 띄지 않아야 해.

하지만 암컷은 수컷을 선택할 수 있어!

암컷 공작은 꽁지깃이 가장 화려한 수컷을 골라.
이렇게 거추장스러운 깃털을 달고도 살아남았다면
더 강한 수컷이 틀림없어!

깃털은 정말 놀라워! 새에 대해 한 마디로 설명해야 한다면 이렇게 말할 수 있어.

새는 깃털이 있는 동물이야!

깃털은 최고의 보온재야. 그걸 알고 깃털을 훔치는 동물도 있다니까. 그걸로 옷과 이불과 베개를 만들어 판다니, 쩝쩝!
하지만 공작의 깃털은 멋지게 보여도 따뜻하게 보이지는 않는데?
아니, 따뜻해. 멋진 겉 깃털 안쪽에 포근하고 따뜻한 솜깃털이 있어.
솜깃털을 현미경으로 확대해 보면 작은 가지들이 수없이 많이 있는데 수많은 가지 사이사이마다 공기를 품고 있어. 공기층이 바깥의 추위를 막아 주어서 아무리 추워도 견딜 수 있어. 집이 없어도 굴속으로 피하지 않아도 끄떡없어. 펭귄을 봐. 따뜻한 깃털 덕분에 가장 추운 남극에서도 살고 있잖아.
깃털은 최고의 방수 비옷이야!
비가 억수같이 쏟아질 때 공작은 어디로 피할까?
걱정 마! 빽빽한 겉 깃털이 우산이 돼. 비가 와도 눈이 와도 안쪽의 솜깃털은 늘 보송보송하고 따뜻해. 어미 새는 날개를 펴고, 아직 겉 깃털이 자라지 못한 새끼를 품어. 방수가 더 잘 되라고 매일매일 꽁무니에서 기름을 짜내 깃털에 열심히 발라 가면서.

공작의 허리와 가슴에 있는
겉 깃털이야.

보송보송 **솜깃털**이야.
겉 깃털 안쪽에 있고,
피부 바로 위를 덮고 있어.

앗, 공작이 이상해!
무슨 일이야?

공작이 털갈이를 하고 있는 거야!

공작을 좀 봐. 불쌍하게 보여.

낡은 깃털은 빠지고 새 깃털은 아직 다 자라지 않았어. 심지어 맨살이 드러난 곳도 있어. 몸무게도 줄어들어. 제대로 날지도 못하고, 제대로 먹지도 못하는데도 새 깃털을 만드느라 에너지를 훨씬 더 많이 써야 해. 이렇게 위험하고 힘든데 공작은 왜 해마다 털갈이를 하는 걸까?

그건 완벽한 깃털이 필요하기 때문이야!

깃털이 아무리 튼튼해도, 햇빛과 비와 바람에 조금씩 망가져. 곰팡이와 세균, 이도 깃털을 조금씩 망가뜨려. 깃털이 완벽하지 않다면 추위와 비바람을 이길 수 없고, 깃털이 윤이 나고 말끔하지 않다면 수컷 공작은 암컷을 유혹할 수 없어. 깃털에 흠이 생기는 날에는 짝짓기를 포기해야 한다고.

무엇보다도 완벽한 깃털 없이 하늘을 날 수 없어!

공작이 하늘을 날아?

그럼, 물론이지. 공작도 꿩도 야생의 칠면조도 날개 깃털을 퍼덕이며 멋지게 하늘로 날아오르는 비행사들이야!

천문학의 뮤즈 우라니아와 함께한
빛과 웅변, 시, 예술의 신 아폴론
샤를 메이니에, 1789년, 클리블랜드 미술관

고니

그림 아래쪽에 연못이 있고, 거기에 새 2마리가 있어. 눈부시게 하얀 깃털, S자로 구부린 기다란 목!
앗, 백조 같은데? 맞아, 백조야. 하지만 백조는 한자 말이고 고니가 더 정확한 우리말이니까 우리는 고니라고 부르기로 해.
그런데 키 큰 남자는 누구야? 옷도 제대로 안 입고, 거의 벌거벗었잖아. 이 사람은 그리스 신화에 나오는 태양과 음악의 신 아폴론이야. 그 옆에서 아름다운 뮤즈 우라니아가 아폴론을 사랑스러운 눈길로 쳐다보고 있어. 서양 화가들은 그리스 신화를 그리기 좋아하나 봐. 프랑스의 화가 샤를 메이니에가 아폴론을 그렸어. 아폴론도, 우라니아도, 고니 2마리도 살아 있는 대리석 조각 같아. 그런데 아폴론 그림에 왜 고니가 있는 걸까?

고니

고니는 아폴론의 새야. 아폴론이 가는 곳에 고니가 있어.
옛날 그리스 사람들은 고니야말로 음악의 신 아폴론에게 어울리는 새라고 생각했어. 새들 중에 가장 아름다운 소리로 노래한다고 믿었기 때문이야. 하지만 고니의 소리는 참새의 소리만큼도 아름답지 않아!
꽤엑! 꽤엑!
고니는 울음소리도, 생김새도 오리와 비슷해!
고니와 오리가 비슷하다고? 미운 오리 새끼 이야기를 읽어 봤다면 눈치챘을 텐데? 오리 가족 틈에서 자라는 백조 이야기 말이야. 백조가 바로 고니라고! 새끼 백조가 새끼 오리와 함께 자란다는 건 둘이 그만큼 비슷하다는 말씀 아니겠어?
고니는 오리보다 크고, 오리보다 목이 길고, 오리보다 호리호리하지만 오리와 비슷해. 둘 다 모두 발에 물갈퀴가 있고, 넓적한 발을 휘저으며 물에 둥둥 떠 있을 수 있어.
그리고 둘 다 기러기목이야!
기러기 목?
기러기처럼 목이 길다는 말이야?
아니! '목'은 아주 중요한 생물학 용어야.
생물을 분류할 때 비슷한 특징이 있고, 비슷하게 생긴 것끼리 같은 목으로 묶어.

지구에는 150만 종의 생물이 있고, 그중에 새는 만 종쯤 되는데, 이 새들을 비슷한 것끼리 목으로 나눠.

기러기목, 타조목, 펭귄목, 참새목,
뻐꾸기목, 두루미목, 코뿔새목, 쏙독새목,
부채머리목, 뱀눈새목…….

모두 41개 목이 있어.

조류학자들이 목을 나누는 기준은 우리 눈에는 사소하게 보여. 발가락이 몇 개인지, 발가락에 물갈퀴가 있는지, 발가락 몇 개가 앞쪽으로 있고 몇 개가 뒤쪽으로 있는지, 부리가 짧은지 긴지, 넓적한지 뾰족한지, 목과 다리가 긴지 짧은지……. 이런 걸 가지고 새가 무엇을 먹고, 어떻게 사는지 추측할 수 있다는 거야. 기러기목 새들은 몸집이 보통이거나 큰 편이야. 부리는 넓적하고 다리가 짧아. 발가락이 4개이고 발가락에 물갈퀴가 있어. 물갈퀴가 있다는 건 물에서 헤엄을 칠 수 있는 새라는 뜻이야. 기러기목에는 기러기, 고니, 오리 들이 있어.
공작은 무슨 목일까? 공작은 닭목이야.
칠면조와 꿩도 닭목이야.
독수리는 매목이고, 매도 매목이야.

목은 다시 더 세세하게 '과'로 분류해. 기러기목에는 3개의 과가 있어.
오리과, 까치기러기과, 떠들썩오리과!
떠들썩오리라고? 이름만 들어도 웃겨!
고니는 그중에 오리과 새야. 오리과 새는 헤엄을 칠 뿐 아니라 대부분
잠수도 할 수 있어. 꼬리가 짧고, 하늘을 날 때 목을 쭉 빼고 쉬지 않고
날갯짓을 해.
과는 더 세세하게 '속'으로 분류하고, 속은 더 세세하게 '종'으로
분류해.
같은 종끼리는 짝짓기를 하고 자손을 낳을 수 있어. 인도공작,
검독수리, 매, 참매, 투구닭, 구슬칠면조, 관머리떠들썩오리 들이 바로
종 이름이야. 만약에 네가 어떤 새의 종 이름을 알고 있다면 그건
정말 대단한 일이야. 벌써 더없이 훌륭한 새 박사님이라고.
매일매일 수많은 생물학자들이 생물을 분류하고 있어. 너도 매일
분류를 하고 있고. 이건 장난감, 이건 문구, 이건 옷, 이건 신발…….
물건을 분류할 수 없다면 옷장에 장남감이 들어가고, 장난감 통에
신발이 들어갈 거야. 정리를 하려면 먼저 분류를 해야 하는 것처럼
생물을 분류하는 일은 생물학의 기본이야. 생물을 분류하면 그 생물에게
확실한 가문과 이름이 생겨. 분류를 하는 것만으로도 어떤 생물과
어떤 생물이 얼마나 가깝고 먼지, 어떻게 진화해 왔는지 추측할 수
있어.

아폴론의 새 고니를 분류하면 이렇게 돼.
그건 **동물**이고,
그중에서 **척추동물**이고,
그중에서 **새**이고,
새들 중에 **기러기목**이고,
그중에 **오리과**이고,
그중에 **고니속**이고,
그중에서 **혹고니종**이야!

모두 고니인데 종 이름이 달라!

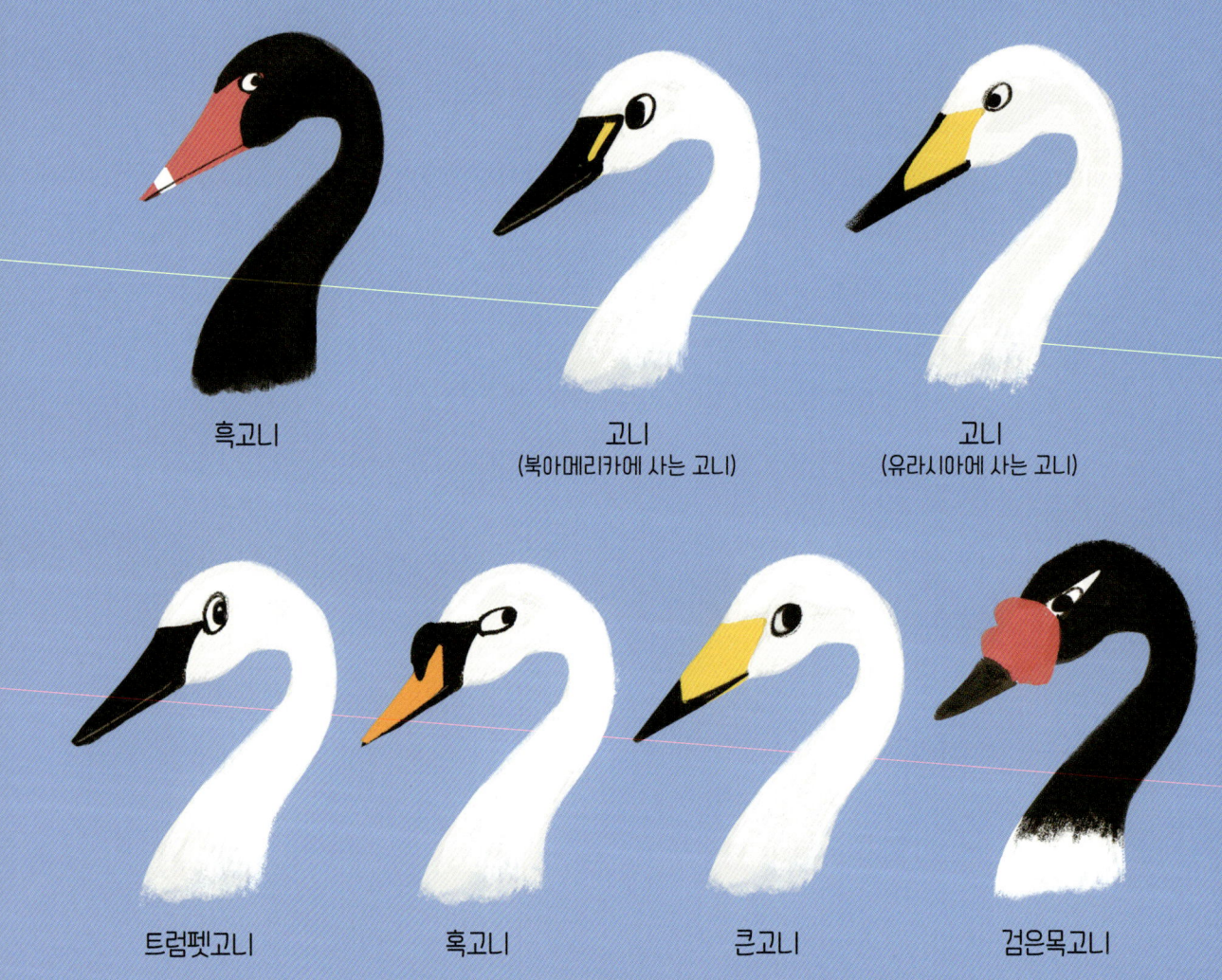

까만 부리, 오렌지색 부리, 혹이 있는 부리,
색깔만 달라도, 부리 모양이 조금만 달라도 다른 종이야.
서로 짝짓기를 안 해!

우리나라에는 고니, 혹고니, 큰고니가 겨울에 찾아와. 겨울을 나고
봄에 어린 새들과 북쪽으로 날아가.
고니는 짝을 맺으면 평생 함께 살고, 새끼를 잘 돌보는 새로도 유명해.
샤를 메이니에의 그림을 다시 봐 봐. 2마리가 사이좋게 붙어 있잖아.
고니 부부는 함께 새끼를 기르고, 새끼가 자라 짝을 찾을 때까지
가족끼리 서로 똘똘 뭉쳐 다녀. 등에 새끼를 업은 새를 본 적 있어?
고니는 새끼를 등에 업고 기르기도 해! 고니속의 새들은 자기
가족에게 다가가 위협하는 놈들은 가만두지 않아. 거침없이 달려들어
물어 버리거나 날개로 후려쳐 버려. 살랑살랑 물속에서 발을 흔들고
기다란 목을 뽐내며 물위를 떠다닐 때는 그렇게 우아하고 태평할
수가 없는데 말이야.

고니

갈대와 기러기
안중식, 1909년, 국립 중앙 박물관

기러기

어디선가 기러기가 날아오고 있어.

저녁 무렵이야. 커다란 보름달이 둥실 떠 있고, 강가에는 갈대가 보여.

갈대에 아직 꽃이 달려 있는 걸 보니 늦여름쯤 되었나 봐. 기러기 1마리는 벌써 갈대 사이에 내려앉아 있어.

조선 시대 말기의 화가 안중식은 갈대와 기러기 그림을 많이 그렸어. 안중식은 매 그림을 그린 장승업의 제자인데, 우리나라 최초로 미술 학원을 열어서 제자들도 많이 길러 냈어. 사람들이 안중식의 그림을 좋아해서 그림을 많이 주문했는데, 안중식은 기러기 그림으로 화답해 주었어. 기러기는 한자로 '안(雁)'이고 갈대는 한자로 '노(蘆)'인데, 같은 발음의 다른 한자로 편안한[安] 노년[老]이라는 뜻도 돼. 늙어서 편안하게 지내라는 마음을 담아 그린 거야.

기러기는 목이 길고 다리는 짧아.
발에 물갈퀴가 있어.
기러기는 헤엄을 잘 치지만
물고기를 잡아먹기보다는
벼나 보리, 밀, 연한 풀과
씨앗을 더 좋아해.

기러기는 우리와 친한 새야. 가을이 되면 하늘에서 기러기 무리를 쉽게 볼 수 있어. 겨울을 나려고 찾아오는 거야. 기러기들이 하늘 끝에서 나타나 저 하늘 끝으로 사라지는 걸 본 적 있어? 날씨가 맑은 날에도, 흐린 날에도 왔다 갔다 헷갈리지 않고 눈에 보이지 않는 길을 따라 부지런히 날아가.

가을이면 어김없이 나타나는 기러기 떼를 보고 옛날 사람들도 궁금하게 생각했을 거야. 기러기들아, 어디서 오는 거야? 얼마나 멀리, 얼마나 오래 날아온 거야?

믿어져? 기러기가 얼마나 멀리서 날아오는지 어디로 가는지 알게 된 게 겨우 몇 십 년 전이야!

조류학자들은 새들이 어디서 오고 어디로 가는지 알기 위해, 새의 발에 주소와 고유 번호가 새겨진 가락지를 끼워서 연구하고 있어. 하지만 이 새들이 머나먼 다른 나라에서 또 다른 연구자들을 만날 수 있을까? '나, 이런 곳에서 왔어요' 하고 알려 줄 확률이 얼마나 될까? 그래도 전 세계 철새 이동 연구팀은 해마다 500만 마리의 새에게 가락지를 끼우는 일을 계속해. 지금은 레이더와 위치 추적기가 발명된 덕분에 이동 경로를 좀 더 정확하게 알 수 있게 되었어.

기러기

기러기가 사는 곳은 아주 추운 곳이야!
러시아 북동쪽 끄트머리, 너무 추워서 1년 내내 땅속이 얼어 있는 툰드라 지방이 기러기의 고향이야. 해마다 가을이 되면 그곳에서 4천 킬로미터를 날아서 오고, 봄이 되면 또다시 4천 킬로미터를 날아서 가야 해. 하루에 수백 킬로미터씩 쉬지 않고 날아도 몇날 며칠이 걸려. 기러기는 왜 그렇게 먼 길을 해마다 오고 갈까?
기러기는 최고의 보온재 깃털 덕분에 아주 추운 곳에서도 살아갈 수 있어. 그렇게 추운 툰드라 지방에는 기러기를 잡아먹을 포식자들이 많이 없고, 기러기가 잡아먹을 벌레들은 아주 많아. 떼 지어 알을 낳고 번식해도 무사히 살아남을 확률이 높아. 하지만 툰드라 지방이 살기 좋은 건 여름 동안만이야. 겨울이 되면 벌레도 열매도 사라지고 먹을 게 없어. 그래서 먹을 것을 찾아서 따뜻한 곳으로 와야 해. 걸어서라면 쉽지 않겠지만 새들은 날 수 있잖아!

기러기처럼 멀리멀리 오고 가는 철새들이 한 곳에 붙박여 사는 텃새들보다 훨씬 더 많아!

우리나라에 사는 새들 540여 종 가운데 80퍼센트 정도가 이 철새들이야!

기러기는 따뜻한 깃털과 날개 덕분에
드넓은 지구를 왔다 갔다 하며 살아가는
놀라운 동물이 되었어!

기러기

하늘에는 지도도 없고 표지판도 없지만 기러기는 길을 알아!
하지만 기러기가 어떻게 그럴 수 있는지는 아직도 미스터리야.
태양계 저 멀리 우주 로켓도 쏘아 보내는 첨단 세상인데,
조류학자들이 철새에 대해서는 아직도 몰라.
하지만 이건 확실해.

기러기에게는 사람에게 없는 감각과 능력이 있어!

새들은 우리가 모르는 나침반을 갖고 있어!
그게 어디에 있냐고?
새의 몸속 어딘가에!
그건 몸속에 있는 철 화합물일지도 모르고, 시신경 속에 들어 있는
무언가일지도 몰라. 어쩌면 새의 유전자 속에 얼마나 가야 하는지,
어느 방향으로 가야 하는지 알려 주는 프로그램이 새겨져 있을지도!
하지만 기러기는 프로그램대로만 움직이는 기계가 아니야. 해와 달이
떠오르고 지는 방향, 별의 위치와 바람, 냄새, 산과 들, 강의
모습까지도 표지판으로 이용해. 그리고 배워! 어린 새는 처음으로
태어난 고향을 벗어나 겨울을 나러 먼 길을 날아가. 어른 새와 함께

무리 지어 하늘을 날며 가는 길을 학습하고 기억해.
대단해, 대단해! 한 번 간 길을, 그렇게 먼 길인데도 그 조그만 머릿속에 다 기억하다니! 정말이야. 한 번 이동을 하고 나면 기러기의 머릿속에 지도가 생겨!
가을이 되면 기러기들은 멀고도 힘든 여행을 대비해 살을 찌워. 너무 많이 먹어서 몸무게가 거의 2배로 늘어나는 놈들도 있어. 살이 통통하게 찌고 지방을 잔뜩 비축하고 나면 기러기의 마음이 들썩들썩거려. 날자! 날자! 묘한 기운이 기러기 무리 속에 퍼지기 시작해. 그리고 드디어 1마리, 2마리…… 마침내 수백 마리 기러기 무리가 날아올라. 머릿속 지도를 따라 기러기가 날아가. 그 유명한 V자 모양으로 편대 비행을 하면서 말이야.
기러기는 어떻게 알까? 편대 비행을 하면 뒤에서 가는 새들은 앞에 가는 새들보다 공기의 저항을 덜 받고 힘을 아낄 수 있다는 걸! 방향을 틀리게 잡은 어리숙한 기러기가 있어도 무리와 함께라면 걱정 없어. 모두가 가는 길을 따라가면 돼. 앗, 1마리가 뒤처져! 따라갈 수 있을까? 길을 잃어버리면 어떡하지?
그래도 문제없어. 동료 기러기 몇 마리가 함께 뒤처져서 힘이 떨어진 기러기가 기력을 회복해 잘 날 수 있을 때까지 함께 날아.

오른쪽과 왼쪽(동시 명중)
윈슬로 호머, 1909년, 워싱턴 국립 미술관

흰뺨오리

안녕, 오리들아! 이번 그림의 주인공은 흰뺨오리야. 기러기목 오리과 흰뺨오리속 흰뺨오리! 바다 위에 흰뺨오리 2마리가 날고 있어. 그런데 그림이 이상해. 뭔가 불길해!

앗, 하늘을 나는 게 아니라 떨어지고 있는 거야! 오리들이 방금 사냥꾼의 총에 맞았어! 왼쪽 오리의 다리 뒤에 사냥꾼의 배가 있어. 총은 안 보이지만 화약 연기가 퍼지고 있어. 아주 능숙한 사냥꾼이야. 한 방에 오리를 맞혔으니까. 이 그림을 그린 사람은 윈슬로 호머인데 미국에서 무척 존경받는 화가야. 하지만 별로 알려진 게 없어. 시골 마을에서 거의 아무도 만나지 않고 제사도 받아들이지 않고 그림만 그렸어. 윈슬로 호머는 왜 오리가 죽는 순간을 그렸을까? 어떤 동물이 사냥꾼의 총에 맞아 죽는 순간의 모습을 이렇게 자세하게 그려 놓은 그림은 별로 본 적이 없어.

그런데 오리가 정말 하늘을 날았던 거야?
오리가 하늘을 날 수 있어?
오리를 뭘로 보고!
오리가 하늘을 못 난다고 알고 있다면 그건 집오리종만 보고 오해한 거야.
오리는 아주 잘 날아. 오리는 겨울을 나려고 수백, 수천 킬로미터를 날아가는 철새야. 물론 그림 속에 나오는 흰뺨오리 부부도!
흰뺨오리는 얼굴에 흰 점이 있다고 흰뺨오리야. 하지만 웬일인지 수컷만 귀여운 흰 점이 있어. 흰뺨오리는 바닷가에 살면서 물고기를 사냥해. 다리가 몸 뒤쪽에 있어서 물속에서 헤엄치기는 좋지만 땅 위에서 걸을 때는 우습게 뒤뚱거려. 짝짓기를 하고 나면 암컷 오리는 자기 가슴의 솜털을 뽑아 둥지에 깔고 알 품을 준비를 해. 하얀 알을 열 개쯤 낳고, 무사히 부화하면 새끼들을 데리고 헤엄을 가르치기 시작해.
그림 속의 흰뺨오리 부부도 사냥꾼의 총에 죽지 않았다면 얼마 후에 알을 낳았을 거야. 졸졸 따라오는 새끼들을 기쁘게 거느리고 다녔을 텐데…….
오리는 태어나자마자 걷고 스스로 먹이를 먹을 수 있어. 그래서 엄마 오리는 새끼 입에 먹을 것을 넣어 주지 않아. 대신 새끼 오리들은 엄마 오리만 졸졸 따라다녀.

졸졸 졸졸! 오리 새끼들이야.
**새끼 오리들은 어떻게 태어나자마자
엄마 오리를 알아볼까?**

새끼 오리는 저절로 엄마를 알아볼까?
엄마 오리한테서 엄마 냄새가 나는 걸까?
아니! 엄마 냄새가 어떤 건지, 자기를 낳아 준 엄마의 얼굴이 어떻게 생겼는지 갓 태어난 새끼 오리가 어떻게 알겠어? 모든 게 처음 보는 거고, 냄새라곤 맡아 본 적도 없는데 말이야.

새끼 새는 엄마 새를 알아보는 게 아니야.
태어나서 처음 본 걸 엄마라고 생각하는 거야!
그게 뭐든지!

태어나서 처음 본 것이 엄마라고 새끼 새의 뇌에 쾅! 도장이 찍혀.
이걸 생물학 용어로 '각인'이라고 해.
새끼 오리는 태어나서 처음 들은 소리를 엄마의 소리라고 생각해.
꽥꽥! 어미 오리가 소리를 내면, 그걸 듣고 새끼 오리들이 졸졸 따라가. 만약에 처음 들은 소리가 오리의 소리가 아니라 깍깍 까마귀 소리, 멍멍 개 짖는 소리, 웅웅거리는 진공청소기 소리라고 해도 어쩔 수 없어. 그게 엄마야!
그림을 봐. 새끼 오리가 개를 엄마라고 생각해. 새끼 오리들이 개를 쫓아다녀!

새끼 오리들이 태어나서 개의 소리를 처음 들었어.
머릿속에 개가 엄마라고 도장 찍혔어!

꽥꽥!

꽥 꽥!

큰일이야. 새끼 오리들이 다 자라도 여전히 개를 쫓아다닐지 몰라. 심지어 계속 자기를 개라고 생각하며 살 거야.

오리가 머리가 나쁜 거야?

아니! 그렇게 생각한다면 우리가 머리가 나쁜 거야. 보통은 자연에서 그런 괴상한 일은 일어나지 않아. 새끼 오리가 맨 처음 보는 것은 거의 대부분 자기와 같은 종, 자기를 품어 준 진짜 엄마라고!

머릿속에 엄마 도장이 쾅 박히는 건 새끼가 살아남기 위해 꼭 필요한 일이야!

왜냐고?

새끼 오리는 태어나자마자 금방 걷고 혼자서 먹을 수 있어. 그러니 만약에 머릿속에 쾅! 엄마 도장이 찍히지 않는다면 어떻게 되겠어? 아무거나 먹고 아무 데나 가고, 금방 다치고 금방 죽을지 몰라!
새끼 오리는 엄마를 졸졸 쫓아다니며 무엇을 먹을지, 무얼 먹으면 안 되는지, 무얼 조심해야 하는지 확실하게 배워.

오리뿐 아니라 다른 새에게도 각인이 중요해.

바다오리는 수백 수천 마리씩 떼를 지어 번식하는데, 각인이 일어나지 않는다면 새끼 새가 어떻게 수천 마리 새들 중에서 자기 엄마를 찾을 수 있겠어?
오리는 태어나 처음 듣는 소리에 각인되지만 거위는 태어나 처음 본 것에 각인이 돼. 그게 움직이기만 한다면 자기 엄마야! 사람이나 로봇도 상관없어!
새끼 오리는 알에서 깨어난 후 36시간까지 각인이 일어나. 그중에서도 16시간까지가 가장 중요해. 하지만 참새, 제비, 까치, 비둘기, 독수리의 새끼들은 그렇게 급하게 각인이 일어나지 않아. 갓 태어난 새끼는 둥지에서 움직이지도 못하고 눈도 뜨지 못하고 부리만 쫙쫙 벌리는데, 그러면 엄마가 알아서 먹여 주기 때문이야. 이런 새들은 각인 현상이 천천히 일어나도 돼. 신기하고 다행스러운 건, 무엇에 각인이 되든지 언제 각인이 되든지 새들의 생태에 딱딱 맞게 각인이 일어난다는 거야.

호취도
장승업, 조선 시대, 삼성 문화 재단
삼성 미술관 Leeum 제공

매

앗! 매가 그림 속으로 들어갔어! 정말 그런 소문이 떠돌았을걸. 그림이 너무 생생한 데다 빠르기로 따지면 어떤 새도 매를 따라올 수 없으니 매가 눈 깜짝할 사이에 그림 속으로 들어가 버린 걸지도!
그림을 그린 조선 시대의 화가 장승업은 그림 솜씨가 너무 뛰어나서 신의 손이라 불렸어. 정말로 진짜 매가 태연히 눈알을 굴리고 있는 것 같아. 한 녀석은 방금 식사를 끝냈는지 느긋하게 쉬고 있어. 하지만 한 녀석은 아직 사냥을 못한 모양이야. 당장이라도 먹잇감을 향해 달려들 것 같아.
이렇게 당당하고 꼿꼿한 매가 날아오르면 어떤 모습일까? 자유롭게 하늘을 나는 매도 그려 줬으면 좋았을 텐데! 지금은 매를 통 볼 수 없으니 말이야.

매는 지구 최고의 비행사야! 어떤 동물도 매처럼 빠르고 힘차게 날 수 없어. 매는 날개깃 한 개 한 개를 움직여 섬세하게 비행할 수 있어. 꽁지깃으로는 방향을 잡고 속도를 조절해.
그림 속 매는 참매인데, 그냥 매와 구분해 참매라고 부르는 거야. 그냥 매는 송골매라고도 불러. 참매는 숲에 살고, 그냥 매는 탁 트인 들판의 절벽 위에 둥지를 틀어. 그래서 사냥하는 모습이 달라. 숲에 사는 참매는 무성한 나뭇가지 사이를 누벼야 하기 때문에 비행 기술이 정말 놀라워.

순식간에 회전하고, 위로 치솟고, 급정지하고, 온갖 비행 기술을 자유자재로 부려.

참을성 있게 먹잇감을 노리고 있다가 쏜살같이 튀어나와 날개 한 번 퍼덕이지 않고 먹잇감을 잡아채.
그냥 매는 탁 트인 들판에 살기 때문에 날개를 쫙 펴고 드넓은 하늘을 당당하게 날아. 매서운 눈으로 먹잇감을 살피다가 하늘 꼭대기에서 벼락처럼 내리꽂아. 날아가는 새를 공중에서 한 방에 낚아채는 거야. 오리나 까마귀같이 조금 큰 새들은 발톱으로 가격하는데, 어찌나 힘이 세고 어찌나 빠른지 눈치 빠른 까마귀라도 영문도 모른 채 그 자리에서 숨통이 끊겨.

매는 세상에서 가장 빠른 새야.
공중에서 시속 300킬로미터 이상으로 먹잇감을 향해 돌진해.

매는 어떻게 그렇게 멋있게 하늘을 날까?

새가 하늘을 나는 건 정말 놀라운 일이야. 나비도 파리도 박쥐도 하늘을 날지만 걔들은 너무 작아. 독수리를 봐. 오리를 봐. 크고 뚱뚱한데도 하늘을 날잖아!

날개를 움직여 하늘을 나는 건 어떤 기분일까? 어떻게 하늘로 날아오르는 걸까?

매는 과학을 몰라도 하늘을 날아. 사람들은 하늘을 나는 새를 보며 너무나 부러워하다가 가까스로 비행기를 만들었어. 하지만 새처럼 날개를 퍼덕이며 자유자재로 나는 비행기는 아직도 만들지 못했어. 태어난 지 한 달도 안 된 새끼 매도 하늘을 날 수 있는데 말이야. 바람을 이용하기, 힘을 아끼며 오래 떠 있기, 날개를 펼치고 활강하기, 하강하기, 급회전하기……. 어미 새에게 배워야 할 기술들이 있지만 새끼 매는 퍼드덕거리며 땅에서 날아오르려 애를 쓰고, 절벽에서도 용감하게 뛰어내려.

맨 처음 최초의 새는 어떻게 하늘로 날아올랐을까? 나무에서 뛰어내렸을까? 땅에서 뛰어올랐을까?

조류학자들 사이에서도 의견이 분분해. 하지만 매는 조류학자들이 싸우든 말든 한 가지는 알고 있어. 날아오르려면 공기의 힘을 이용해야 한다는 걸 말이야.

공기의 힘이라고?

공기가 없으면 날 수 없어!
매가 날개를 퍼덕이며 하늘을 날 수 있는 건
공기가 있기 때문이야!

공기가 없으면 아무리 세차게 날갯짓을 해도 1센티미터도
날 수 없어!

매가 땅을 박차고 날개를 퍼덕이며 뛰어오를 때, 절벽에서
뛰어내리며 날개를 퍼덕일 때, 매는 자기도 모르게 날개로 공기를
아래로 누르고 있어. 그건 수영 선수가 물살을 가르며 앞으로
나아가는 것과 비슷해. 수영 선수가 팔을 휘저으며 물을 뒤쪽으로
보내면 반대로 몸이 앞으로 나아가. 그것처럼 매가 날개로 공기를
누르면 반대로 몸이 위로 떠오르는 거야.

그리고 이것도 중요한데, **모든 새의 날개는 더 잘 떠오를 수 있도록 위로 볼록 굽어 있어.**

손등을 위로 하고 손끝을 아래로 구부려 봐. 매의 날개도 그런
모습이야. 볼록하게 둥근 쪽으로 공기가 빠르게 움직여. 아래쪽
오목한 쪽으로는 공기가 느리게 움직여. 그래서 날개 위쪽과
아래쪽에 공기의 압력이 차이가 생겨. 날개 아래쪽에서 위쪽으로,
공기가 순식간에 이동하며 날개를 위로 밀어 올려.

몸이 위로 떠오르는 거야!

매는 기다란 활주로가 없어도, 커다란 연료 탱크가 없어도 날갯짓 몇
번만으로 하늘로 떠올라.

매일매일 날갯짓을 할 때마다 매는 날개를 떠오르게 하는 기분 좋은
공기의 힘을 느낄 거야.

매의 날개야.
위로 볼록하게 굽어 있어.

하지만 날갯짓만으로는 완벽히 날아오를 수 없을 거야.
매가 하늘을 나는 건
날개와 뼈와 근육의 합작품이야!

하늘을 날려면 뼈가 엄청나게 가벼워야 하고
가슴 근육은 아주 강해야 해.

매의 뼈는 깃털보다 가벼워!

믿을 수 없어. 뼈는 원래 무거운 거 아니야?

아니! 새의 뼈는 속이 비어 있고, 공기로 차 있어. 그래서 몸을 감싼 깃털의 무게보다도 가벼워. 게다가 조금이라도 몸을 가볍게 하려고 먹은 걸 빨리빨리 소화시키고 똥도 자주자주 눠. 오줌보도 따로 없어. 똥 눌 때마다 오줌도 함께 내보내.

그리고 매는 대단한 가슴 근육을 갖고 있어. 새의 가슴 근육은 동물 중에 최고의 근육이야! 자기 키보다 훨씬 커다란 날개를 퍼덕여 하늘을 날아오르려면 엄청난 근육이 필요해. 만약 몸무게 75킬로그램인 사람이 매처럼 강하게 날개를 퍼덕이려면 가슴 근육이 1.8미터 튀어나와야 해! 그러니까 아무리 팔에 날개를 달아봤자 사람이 새처럼 나는 건 불가능해. 혹시 가슴에 모터를 달면 되지 않을까? 하지만 모터가 움직이려면 에너지를 공급해 주어야 해. 그러려면 몸에 커다란 기름 탱크를 실어야 하고, 그러면 더 무거워져서 더 큰 모터가 필요하고, 그러면 또 기름이 더 많이 필요하고……. 헐! 가능할까?

매는 이미 그런 걸 다 해결하고 하늘로 날아올랐어!

가니메데스의 납치
안토니오 다 코레조, 1530년경,
빈 미술사 박물관

독수리

독수리가 남자아이를 붙잡고 하늘로 올라가고 있어! 검독수리야!
날개 끝에서 끝까지 2미터나 되고, 자기보다 커다란 사슴의 숨통도
단번에 끊을 만큼 무시무시한 발톱과 강한 근육을 가지고 있어.
하지만 몸무게는 겨우 5킬로그램이야. 겨우 강아지와 비슷한
몸무게로 사람을 들고 하늘로 날아오를 수는 없어.
그럼 그림이 엉터리라는 거야?
그럴지도! 하지만 이건 평범한 검독수리가 아니야. 신들의 왕
제우스야! 이탈리아의 화가 안토니오 다 코레조가 유명한 그리스
신화 속 한 장면을 그림으로 그렸어. 제우스가 검독수리로 변해서
아름다운 소년 가니메데스를 하늘로 납치하고 있어. 같이 있던 개가
너무 놀라서 목을 쭉 빼고 하늘로 올라가는 주인을 보고 있어.

독수리

생각해 봐. 신들의 왕 제우스가 왜 자신을 나타낼 동물로 검독수리를 택했겠어?

검독수리는 새들의 왕이야. 그리고 왕들의 새야!

옛날 유럽에서는 오직 왕만이 이 새를 사냥할 수 있었어. 용맹스런 인디언 부족의 추장들은 검독수리 깃털로 머리를 장식했고, 몽골의 왕들은 검독수리를 훈련시켜 늑대 사냥을 시켰어.

검독수리는 세상에서 매 다음으로 빠른 새이고, 하늘에서 먹잇감을 향해 시속 200킬로미터로 돌진할 수 있어. 매보다는 느리지만 매보다 더 육중하기 때문에 훨씬 더 무시무시한 힘으로 사냥감을 덮쳐.

검독수리는 끈질기고 무자비한 추격자야. 검독수리가 하늘 위에서 늑대를 추격해. 산등성이 눈밭의 늑대는 숨을 곳이 없고, 앞으로만 달려. 하지만 검독수리가 더 빨라. 무시무시한 발톱으로 늑대를 찍어 눌러.

검독수리는 매일 아침 바람을 타고 하늘 높이 올라가. 까마득히 높은 하늘 위에서, 점처럼 보이는 다람쥐 1마리도 찾아낼 수 있는 놀라운 시력으로 드넓은 자신의 영토를 순찰하며 사냥감을 찾아.

검독수리가 커다란 날개를 펴고 눈 덮인 험한 산을 날아가는 모습이란! 얼마나 당당하고 얼마나 장엄한지 눈을 뗄 수가 없어. 이건 동영상으로 꼭 봐야만 해!

검독수리가 땅에 내려앉은 모습이야.
땅에서도 이렇게 위풍당당해!

검독수리는 새들 가운데 먹이 사슬 제일 꼭대기에 있는 포식자야.
아프리카 초원에 사자가 있다면 하늘에는 검독수리가 있어.
검독수리는 토끼, 사슴, 산양, 물고기, 갈매기, 비둘기, 꿩, 여우,
너구리, 늑대…… 온갖 동물을 사냥할 수 있지만 어떤 동물도 감히
검독수리를 사냥하지 못해!
하지만 아무리 대단한 검독수리라도 땅에서 육탄전을 하면
힘으로는 이 녀석을 당할 수 없어.

검독수리를 이기는 새가 있다고?
그건 바로 대머리수리, 진짜 독수리야!

독수리의 '독'은 대머리라는 뜻이야. 그러니까 정확하게 말하면
독수리는 대머리수리를 가리키는 말이야.
대머리수리는 정말로 대머리처럼 보이는 새야!
늙어서 머리가 벗겨진 게 아니야. 원래부터 머리와 윗목에 깃털이
거의 없어. 그런데 그게 이유가 있어.
독수리는 죽은 동물을 먹고 살아!
독수리는 다쳐서 죽은 동물과 늙어서 죽은 동물, 병에 걸려 죽은
동물을 먹어. 물론 전염병에 걸린 동물의 사체도!

우웩, 너무 더러워!

더럽다고? 심지어 독수리는 동물의 사체 속에 머리를 들이밀어야 해. 머리에 깃털이 덥수룩했다면 찌꺼기가 덕지덕지 달라붙고 세균들도 바글바글 달라붙을 거야. 독수리는 좀 더 위생적인 식생활을 위해 머리에 털이 거의 사라지게 진화한 거야.

그런데 이상해. 검독수리도 이기는 독수리가 왜 사냥을 하지 않고 죽은 동물을 먹을까?

독수리도 사냥을 해. 다치거나 병든 동물이라면 말이야.

하지만 건강한 동물은 사냥하지 않아. 혹시 겁이 많은 걸까? 너무 게으른 걸까? 독수리는 힘은 세지만 몸이 둔하고, 덩치는 큰데도 발은 볼품없어. 발톱도 무뎌. 그래서 검독수리나 매가 하듯이 살아 있는 동물을 날렵하게 사냥할 수 없어. 독수리는 어디 먹을 만한 죽은 동물이 없나 하고 하늘을 날고 또 날아야 해.

운 좋게 죽은 사슴이 보이는 날은 횡재한 날이야. 그것도 독수리가 좋아하는 죽은 지 이틀 된 사슴이라면 말이야. 벌써 까마귀가 몰려 있어. 까마귀에게 뺏길 수 없지. 독수리가 내려앉아. 그걸 보고 멀리서 다른 독수리들이 모여들어. 몸집이 큰 놈, 목소리가 더 큰 놈들이 먼저 식사를 해. 하지만 어느 정도 먹으면 다른 놈들도 먹을 수 있도록 비켜 앉아. 소화를 시키며 인내심을 가지고 다시 자기 차례가 올 때를 기다려. 며칠이 지나면 깨끗이 뼈만 남아.

**독수리는 늠름하고 위대한
청소부야!**

동물의 세계에는 사체 청소부가 꼭 필요해. 송장벌레, 검정파리, 수많은 벌레와 미생물, 세균들이 사체 청소부야. 하지만 걔들은 너무 작아. 동물의 사체를 분해하는 데 시간이 너무 오래 걸려.

죽은 동물을 뜯고 찢을 더 큰 동물이 필요해. 그걸 누가 하겠어?

높은 하늘을 날아다니며 놀라운 후각으로 죽은 동물이 어디에 있는지 찾을 수 있는 동물, 바로 새가 아니겠어? 독수리가 없다면 동물의 사체가 분해되는 데 시간이 너무 오래 걸릴 거야. 그사이에 세균들이 사방으로 퍼져 나가.

그런데 독수리는 괜찮을까? 병에 걸리지 않을까? 세균이 득실거리는 거 아니야?

아니, 끄떡없어! 독수리의 배 속에서 초강력 위산이 분비돼. 썩은 고기를 삼켜도 위산이 너무 지독해서 세균이 거의 1마리도 살아남지 못해.

독수리에게는 소독약도 있어! 독수리는 먹을 때 자기 발에 오줌을 누는데 이게 바로 살균력이 뛰어난 소독약이야. 오줌 소독약 덕분에 동물의 시체에 닿았던 독수리의 발이 깨끗해지고, 세균이 숲으로 퍼져 가는 것도 막을 수 있어.

하지만 독수리도 음식을 고를 땐 취향이 있어.

"캑캑! 우리도 너무 오랫동안 썩은 고기는 싫다고!
이왕이면 육식 동물보다는 초식 동물의 사체가 더 좋아!"

카르나크 신전 홀에서 따오기에게
먹이를 주는 여인
에드워드 존 포인터, 1871년

따오기

여기는 옛날 옛날 이집트의 신전이야. 신전의 주인은 토트라는
신이야. 그림 속에 조그만 토트 신 조각상이 있어.
보이지? 저기 오른쪽 나무 기둥 위에, 토트 신 조각상이 신전을
내려다보고 있어. 사람의 몸에 새의 머리! 바로바로 따오기의 머리를
하고 있어. 신이 따오기의 얼굴을 하고 있다고 믿었을 만큼 따오기는
이집트에서 신성한 새로 추앙받았어. 신전에는 따오기들이 살았고,
죽었을 때는 미라로 만들어 보존했어.
지금은 따오기들의 식사 시간이야. 따오기들이 고개를 수그리고
먹느라 바빠. 에드워드 존 포인터는 여자들의 초상화를 아름답게
그려서 유명해진 화가야. 이 그림 속에서도 갈색 머리 우아한
여사제가 따오기들에게 먹이를 주고 있어.

그런데 따오기가 무얼 먹고 있는 거야?

여사제가 들고 있는 그릇을 봐. 흐물흐물 미끈미끈한 게 담겨 있는데?

아하, 알겠어. 작은 물고기야. 어쩌면 미꾸라지인지도 몰라. 따오기는 원래 얕은 개울이나 연못, 습지에 살면서, 기다란 다리로 우아하게 걸어 다니며 물고기를 잡아먹고 살아. 부리가 기다랗고 뾰족하고 굽어 있어서 물속에 숨어 있는 물고기나 올챙이, 조개를 찾아 먹기 딱 좋아.

따오기는 사다새목 새야.

뭐? 사다새라고? 그게 뭐야?

얼마 전까지 따오기는 황새목이었는데, 유전자 분석을 해 보니 사다새와 더 가까워서 사다새목이 되었어. 그런데 도대체 사다새가 뭘까?

사다새는 펠리컨이야! 부리가 주머니처럼 늘어나서 유명하게 된 새 말이야.

펠리컨은 아주 커다란 물새야. 몸무게가 10킬로그램이 넘을 만큼 무겁지만 비행하는 모습이 아주 멋져. 물고기를 잡아서 주머니처럼 생긴 커다란 부리 안에 넣었다가 먹어. 조선왕조실록에는 사다새를 공납으로 바치기도 했다는 기록이 있어.

사다새목에는 펠리컨과 따오기, 저어새, 왜가리 들이 있어.

사다새목 새들의 부리를 좀 봐.

따오기

따오기 부리는 물속에서 먹이를 찾아내 건져먹기 좋게 생겼어. 네가 새 박사가 되고 싶다면 부리를 눈여겨볼 줄 알아야 해.

부리는 새의 명함이야.
'에헴! 나는 이런 걸 먹고 살아!'
하고 말하는 것과 같아.

새마다 부리 모양이 달라.
날카로운 부리는 곤충을 잡기 좋고, 갈고리 모양 부리는 고기를 찢어 먹기 좋아. 조그맣고 단단한 부리는 곡식을 쪼아 먹기에 좋고, 물속에서 진흙을 가려내고 물풀이나 벌레를 걸러 먹는 새들은 부리가 납작해.
따오기는 기다랗게 굽은 부리로 진흙이나 물풀에 숨어 있는 벌레나 작은 물고기를 휘저어 찾아 먹어.
따오기는 진흙이나 물속에서 부리로만 건드려 보고도 물풀과 물고기와 벌레를 구분할 수 있어. 꺼끌꺼끌한지 보드라운지 물렁물렁한지 매끌매끌한지, 먹을 만한 건지 못 먹을 건지 눈으로 안 봐도 대번에 알아. 부리 속에 감각 신경이 수없이 지나가고 촉각 세포가 아주 많이 자리잡고 있기 때문이야.

부리는 손처럼 섬세해.

부리는 앞발 대신이야. 돼지나 염소의 앞발보다 훨씬 많은 일을 할 수 있어. 앞발은 2개이고 부리는 하나뿐인데도 말이야. 따오기를 봐.
부리로 얼마나 많은 일을 할 수 있는지.
부리로 진흙을 휘젓고, 먹이를 찾고, 먹이를 집고, 먹이를 먹고,
먹이를 실어 날라 새끼에게 먹여! 부리로 깃털을 다듬고, 풀과
나뭇가지를 물어 오고, 둥지를 짓고, 심지어 열을 내보내!
부리로 열을 내보낸다고? 그게 무슨 말이야?
그림 속 카르나크 신전 홀에 사는 따오기들은 아프리카흑따오기야.
더운 아프리카에 사는 새들에게, 부리는 성능 좋은 방열기와 같아.
새는 아무리 더워도 땀을 흘릴 수 없어.
새는 땀샘이 없어. 게다가 날개를 퍼덕이며 하늘을 나는 건 네가 쉬지
않고 달리기를 하는 것과 같아. 사람은 달리기를 하고 나면 입을
벌리고 헐떡거리는데, 그건 모자라는 산소를 보충하는 방법이지만
열을 내보내는 방법이기도 해. 하지만 새가 헐떡거리는 걸 별로 본
적이 없을 거야. 새도 헐떡거릴 수 있어. 하지만 그러면 수분도 날아가
버려서 위험해.
그래서 부리로 열을 내보내는 거야. 부리는 만질만질 키틴질 코팅이
되어 있어서 열은 잘 빠져나가고 수분은 빠져나가지 않아.

따오기

아프리카흑따오기는 우리나라에서는 볼 수 없어. 우리나라에는 그냥 따오기가 살고 있어. 아프리카흑따오기는 머리와 부리와 다리가 모두 검은색이지만 그냥 따오기는 머리와 다리가 붉은색이야. 그냥 따오기는 논이나 습지에서 살고 미꾸라지나 개구리를 잡아먹어. 우리나라에서는 따옥따옥 운다고 따오기라 불렀어. 그 소리가 구슬퍼서 '보일 듯이 보일 듯이 보이지 않는 따옥따옥 따옥 소리 처량한 소리' 하고 동요에도 나오는데 이제 따오기를 볼 수 없어. **우리나라에 흔하게 오는 겨울 철새였는데도 1979년에 마지막으로 관찰된 뒤에 멸종해 버렸어.** 사냥과 농약 때문에 그렇게 많던 따오기가 사라진 거야.

그럼 1마리도 볼 수 없어?

다행히 경남 창녕군에 우포 따오기 복원 센터가 있어. 중국에서 선물받은 따오기 몇 마리로 시작해서 따오기를 되살리기 위해 노력하고 있어. 따오기는 그동안 400여 마리로 불어나 야생 적응 훈련 중이야. 2019년에는 생물 다양성의 날에 훈련을 마친 따오기를 자연으로 돌려보냈는데, 그 뒤로도 조금씩 자연으로 돌려보내고 있어. 잘 살아남아야 할 텐데. 따오기야, 힘내!

구름과 학이 상감된 청자 매병(청자 상감 운학문 매병)
고려 시대, 국보 68호, 간송 미술관
ⓒ 간송미술문화재단

두루미

이건 고려 시대의 귀한 청자 도자기야. 자그마치 국보 제68호야.
800년쯤 전에 어느 장인이 도자기 위에 온통 새 그림을 새겨서
뜨거운 가마에 구워 냈어. 동그라미 속에는 하늘로 올라가는 새,
동그라미 밖에는 땅으로 내려오는 새.
무슨 새일까?
아주 날씬한데? 부리가 뾰족하고 목과 다리가 길고, 하얀 날개가 꼭
발레리나가 춤출 때 입는 옷 같아. 이렇게 우아한 새는 딱 봐도
두루미야. 한자로 학이라고 해. 두루미는 아주 오래 살고, 고고하고
기품이 있어서 귀한 그릇이나 병풍에 자주 등장해. 왕족과 대신의
관복에도 두루미로 수를 놓았어. 너도 매일 두루미를 볼 수 있어.
엄마에게 500원짜리 동전을 달라고 해. 거기에 두루미가 있어!

하지만 진짜 두루미를 눈앞에서 본다면 깜짝 놀랄 거야. 두루미는 너보다도 키가 커!

우리나라에 겨울을 나러 오는 두루미는 키가 150센티미터쯤이야. 큰두루미는 더 커서 180센티미터까지 자라고 몸무게도 15킬로그램이나 돼. 하늘의 제왕 검독수리의 몸무게가 겨우 5킬로그램이라고. 검독수리도 두루미 앞에서는 우습게 보일 거야. 그래서 두루미는 별로 겁날 게 없어. 동물의 세계에서는 커다란 동물은 절대 무시할 수 없거든.

다 자란 두루미에게 덤빌 만큼 간 큰 동물은 별로 없어!

그래도 저렇게 날씬하잖아! 다리는 너무 가냘프고, 힘도 없을 것 같이 보여. 하지만 천만의 말씀! 덩치가 작은 육식 동물이 멋모르고 덤볐다간 큰코다쳐. 강력한 발차기에 맞으면 뒤로 나자빠지고, 단단하고 날카로운 부리에 머리통이라도 찔리는 날에는 부리가 머리뼈를 뚫고 나올 지경이야. 두루미가 날개를 쫙 펴면 덩치가 더 크게 보여. 겁을 주려고 목을 쭉 뽑고, 날개를 크게 휘는 거야.

아름다워 보이지만 사실은
두루미가 적을 위협하는
경고 자세야!

두루미

두루미는 무서울 게 없는데도 조심성이 많아.
두루미는 강바닥 한가운데 선 채로 잠을 자.
새끼 두루미가 엄마에게 물어볼지 몰라.
"왜 차가운 강물에 서서 잠을 자야 해요?"
"그래야 어떤 놈이 해치려고 다가와도 첨벙 소리 때문에 금세 깰 수 있지!"
그러면서 엄마 두루미는 한쪽 다리를 들어 올려 날개 밑에 척 집어넣어. 두루미는 한쪽 다리로만 서서 잠을 자! 다리 2개를 모두 차가운 물속에 집어넣고 자다간 체온이 떨어져 죽을지도 모르거든.
두루미는 기다란 다리로 얕은 강물이나 갯벌을 걸어 다니며 물풀과 벌레와 게와 물고기를 먹어. 그러다가 밤이 오면 물속으로 들어가 한쪽 다리로 서서 조심스럽게 잠을 청하는 거야.
휴, 잠이 올까? 잠을 자다 넘어지면 어떡하지?
우리는 절대 못해. 하지만 두루미는 할 수 있어. 두루미는 날 때부터 워낙 평형 감각이 뛰어나. 그래서 춤도 잘 춰.

두루미는 정말로 춤을 좋아해!
사람 빼고 어떤 동물보다도
춤을 많이 추는 동물일 거야.

두루미의 구애 춤이야!
무대는 눈 덮인 풀밭, 음악은 없어.
관객은 암컷 두루미 1마리뿐이야.

두루미

짝 지을 때가 되면 동물은 암컷을 만나고 짝을 짓기 위해 구애 행동을 해.

암컷은 신중하게 짝을 골라. 수컷 새는 암컷 새의 마음에 들기 위해 무언가를 열심히 해야 해. 공작은 암컷 앞에서 화려한 꽁지깃을 세우고 안절부절 왔다 갔다 하고, 지빠귀는 10시간이 넘도록 노래를 부르고, 물총새는 물고기를 잡아 암컷의 부리 앞에 갖다 바쳐. 두루미는 새들 중에서 가장 멋지게 춤을 춰. 머리를 흔들고, 날개를 펄럭이고, 달리고, 높이 뛰었다가, 목과 날개를 활처럼 휘게 하고, 나뭇가지나 지푸라기를 부리로 물고 높이 던져. 그러다가 암컷을 보고 빙빙 돌면서 절을 해.

조심조심!
암컷 앞에서 절대 실수하면 안 돼.
그럼 더 볼 것도 없이 탈락이야!

수컷이 마음에 들면
암컷도 함께 춤을 추기 시작해.

두루미 수컷과 암컷이 이렇게 함께 춤을 추며 점점 가까워지고 친밀해져. 함께 춤을 추고 나면 사이좋은 두루미 부부 한 쌍이 탄생해!

두루미는 한 번 짝을 맺으면 거의 평생 함께 살아. 함께 둥지를 만들고, 알을 품고, 함께 새끼를 키워. 새끼 두루미가 태어난 지 석 달이 되면 벌써 엄마 두루미만큼 키가 자라고, 춤을 추기 시작해. 어린 두루미들은 춤을 추면서 놀아. 나뭇가지나 풀을 집어던지고 날아가서 받으며 즐겁게 놀아. 엄마 아빠도 끼어들어.

두루미는 왜 춤을 좋아할까?

춤은 두루미의 말과 같아. 조류학자들이 두루미를 30년 동안 관찰했는데 두루미는 몸짓과 울음소리가 60가지나 돼. 보통 새들은 20가지쯤, 원숭이도 30가지쯤인데 말이야.

두루미는 하루에도 수십 번 춤으로 이야기해. 마음에 드는 짝 앞에서 춤을 추고, 부부가 된 뒤에는 함께 영역을 지키며 춤을 추고, 싸움에서 이기면 춤을 추고, 긴장이 풀리면 춤을 추고, 심지어 태어난 지 이틀밖에 안 된 새끼 두루미도 뛰고 날개를 퍼덕이며 춤을 춰!

두루미 가족이 춤을 추고 있어. 춤추고 싶은 기분이 옆의 가족들에게도 번져. 1마리, 2마리…… 두루미 무리가 함께 춤을 추기 시작해.

"우리는 지금 평화롭고 기분이 좋아!"

갈매기가 있는 해안 풍경
퍼시 보빌

갈매기

어느 바닷가에 갈매기가 살고 있어.
사람도 없고 지나가는 배도 없고, 갈매기가 이 외딴 바닷가의
주인이야. 난파한 배에서 오래 전에 떨어져 나왔나 봐. 커다란 나무
기둥이 쓰러져 있어. 갈매기들이 나무 기둥 위에 올라서서
무얼 하고 있는 걸까?
꼭 학교 쉬는 시간 같아. 교장 선생님처럼 뒷짐을 진 갈매기, 옆 친구와
떠드는 갈매기, 바다에서 날아오는 갈매기들에게 소리치는 갈매기,
시끄럽다고 끼룩대는 갈매기, 들썩거리는 갈매기……. 갈매기들의
부리도 좀 봐. 정말로 자기들끼리 열심히 뭐라고 떠들고 있어.
끼룩끼룩! 끼룩끼룩! 갈매기의 소리가 그림 밖에까지
들리는 것 같아.

갈매기

갈매기들은 화가가 자기들을 그리고 있어도 떠드느라 바빠. 화가가
어찌나 조용히 그리고 있는지 갈매기들이 신경도 쓰지 않고
날아가지도 않아.
갈매기는 떠들썩한 바닷새야. 갈매기 무리가 있는 곳에는 언제나
끼룩끼룩 소리가 들려.
갈매기들이 바닷가에 모여 무슨 이야기를 하고 있을까?
바닷가에 꽃이 피어 있는 걸 보니 봄이고, 이제 곧 갈매기 무리는
머나먼 북쪽 지방의 번식지로 떠나야 해. 여름 동안 그곳에서 알을
낳고, 새끼를 기를 거야. 그래서 갈매기들에게 유난히 들썩거리는
기운이 퍼져 있나 봐.
"오늘 떠날까?"
"안 돼. 좀 더 기다려!"
"난 너무 살이 쪘어."
"내 깃털 어때? 난 준비가 끝났어!"
갈매기들은 며칠 동안 바다 위를 날고 또 날아 번식지로 향해.
물고기를 잡아먹고 지나가는 배에서 음식 쓰레기도 훔쳐 먹다가
바닷물을 같이 삼키기도 해. 바닷물을 마셔도 돼?
안 돼! 하지만 갈매기는 특별한 소금샘이 있어서 괜찮아. 소금이
핏속을 돌아다녀도 눈 위에 있는 소금샘으로 소금을 걸러 낼 수 있어.
소금샘으로 소금 눈물이 나와.

갈매기는 바닷물을 조금 마셔도 끄떡없어!

이제 번식지에 다 왔어!

곧 짝짓기를 하고 알을 낳을 거야. 알을 낳는 건 갈매기 인생에서 가장 중요한 일이야. **갈매기는 알을 2~3개쯤 낳아.**

새는 보통 알을 몇 개만 낳아. 둥지 안에 들어갈 만큼, 어미 새가 품을 수 있을 만큼. 그리고 자기 몸집에 비해 커다란 알을 낳아.

새알이 커다랗다고?

알을 낳는 동물들을 생각해 봐. 개구리나 물고기는 아주 작은 알을 낳아. 거북도 작은 알을 낳아. 그에 비하면 커다란 새알은 모든 게 완벽하게 갖춰진 호화 크루즈선 같아. 가장 바깥쪽에 튼튼한 껍질이 있어 알을 보호해 줘. 껍질 안쪽에는 노른자와 흰자가 있어. 노른자 구석 조그만 점 속에 장차 새끼 새에게 물려줄 유전자가 들어 있어. 노른자의 나머지와 흰자에는 알의 영양분이 될 단백질과 비타민과 지방이 들어 있어.

새의 알이 파충류의 알보다 훨씬 큰 건 흰자가 많기 때문이야. 흰자는 세포에게 물을 공급하고, 방어벽이 되어 세균이 세포에 침입하지 못하도록 막아 주고, 알이 뒤집히거나 굴러갈 때 알 속의 세포가 충격을 받지 않도록 도와주는 스펀지가 돼! 조류학자들이 흰자가 얼마나 중요한지 알아보려고 달걀의 흰자를 줄여 부화시키는 실험을 해 보았어.

이런! 아주 작고 왜소한 병아리가 태어났어!

이건 괭이갈매기 알이야.
갈매기 알은 달걀 크기이고,
갈색 바탕에 얼룩이 있어.

갈매기는 누가 알을 훔쳐 가면 다시 낳아.
하지만 새로 낳은 알은 크기도 작고 새끼가 태어나도 약해.

알을 낳으면 갈매기는 이제 가장 어렵고 힘든 일을 완수해야 해. 그건 바로 알을 품는 일이야.

그게 뭐가 어려워? 가만히 앉아 있으면 되는 거 아니야?

아니, 알을 품는 건 목숨을 건 일이야!

갈매기는 비행 능력이 뛰어나고, 아무거나 먹고, 바다 위에서는 천적도 거의 없어서 무서울 게 별로 없어. 하지만 갈매기가 가장 약해지는 때가 있는데 바로 알을 품는 때야. 28일 동안 갈매기는 땅바닥에 몸을 대고 가만히 있어야 해. 그런데 새가 그런 자세로 있는 건 다치거나 죽었을 때뿐이야. 새의 가장 큰 무기와 능력이 하늘을 나는 것인데도 스스로 날개 없는 동물이나 마찬가지가 돼. 포식자가 다가와도 도망가지 않고 알을 보호해. 어미 새는 한 달이나 제대로 먹을 수도 없어. 온도가 떨어지면 알이 부화되지 않기 때문에 둥지를 마음대로 비울 수도 없어.

그래서 알을 품을 때 수컷이 몰라라 할 수 없어. 암컷과 수컷이 힘을 합치지 않는다면 자손을 남기기 힘들기 때문이야. 갈매기는 암컷과 수컷이 번갈아 가며 알을 품어. 새끼가 태어난 뒤에도 수컷은 매일매일 새끼에게 줄 먹이를 물고 와.

하지만 암컷과 함께 알을 돌보지 않는 새들도 있어. 오리류 대부분은 수컷의 도움 없이 혼자서 알을 품고 새끼를 도맡아 키워. 암컷 오리는 알을 품는 동안 제대로 먹지도 못하고, 새끼가 태어나도 새끼들의 먹이를 구하러 다니느라 바빠. 새끼들이 자라고 나면 털갈이를 해야 하는데 털갈이할 시간도 별로 없어. 그래서 암컷 오리는 빨리 죽고, 수컷에 비해 훨씬 수가 적어. 휴, 오리가 불쌍해!

새는 왜 목숨을 걸고 알을 품는 걸까?

직접 알을 품어서 부화시키면 자손을 잘 지킬 수 있어. 만약에 알을 품지 않는다면 갈매기도 개구리처럼 알을 한 번에 몇 백 개, 몇 천 개 낳아야 할 거야. 알을 품어서 부화시키는 덕분에 새는 어디서든 살아갈 수 있어. 추운 곳이든 무더운 곳이든, 축축한 곳이나 사막이라도! 황제펭귄은 영하 50도를 오르내리는 남극에서 알을 낳고, 논병아리는 축축한 곳에서 알을 품고, 바다오리는 절벽의 바위 위에 둥지도 없이 알을 품어. 새들은 이렇게 힘들게 알을 품는데 몰래 알을 훔쳐 가는 도둑들이 있어. 우리나라의 무인도 섬 난도에는 괭이갈매기 떼가 살고 있는데 갈매기 알이 몸에 좋다는 소문이 돌아서 사람들이 자꾸 알을 훔쳐 가. 갈매기 알 1개에 2000원씩! 알 도둑을 보거든 당장 신고해야 해!

방주로 돌아온 비둘기
존 에버렛 밀레이, 1851년, 애슈몰린 미술관

비둘기

이건 아주 유명하고 오래된 이야기를 그린 그림이야.
이 이야기는 이렇게 시작돼. 옛날 옛날에 사람들이 너무 악해지자,
하나님이 대홍수로 사람들을 심판하기로 작정했어. 하나님은
노아에게 커다란 배를 만들라 명령하고 비를 내려 온 세상을 물로
덮어 버렸어. 노아의 배가 둥둥 떠다닌 지 1년쯤 되었을 때 노아와
가족들은 물이 얼마나 빠졌는지 알아보려고 비둘기를 날려 보냈어.
혹시 육지가 드러났을까? 애타게 기다렸는데 며칠 뒤에 비둘기가
싱싱한 올리브 잎을 물고 돌아왔어! 노아의 며느리가 너무 기뻐서
비둘기에게 입을 맞추고 있어. 드디어 물이 빠지고 육지가 드러난
거야! 영국의 화가 존 에버렛 밀레이가 성경 속의 이 이야기를
아름다운 그림으로 그렸어.

성경 속의 이 이야기 덕분에 비둘기는 평화의 상징이 되었어. 어마어마한 홍수가 세상을 뒤덮었지만 비둘기가 희망의 나뭇잎을 가져다주었기 때문이야.

몇몇 동물은 아주 멀리 떨어진 곳에서도 집을 찾아갈 수 있는 능력이 있어. 꿀벌은 아주 멀리 꿀을 모으러 나왔다가도 벌집으로 되돌아가고, 개와 고양이도 집을 찾아갈 수 있어. 하지만 아주 멀리서도 집을 찾아올 수 있는 능력은 비둘기가 가장 출중해. 지금도 세계 곳곳에서 비둘기 레이싱 대회가 열려. 커다란 트럭에 비둘기들을 싣고 몇 시간을 달려 낯선 장소에서 풀어 주는데, 비둘기들이 얼마나 빨리 대회 장소로 되돌아오는가로 승부를 가려. 우승한 비둘기는 호사스러운 대접을 받고 몸값이 어마어마하게 올라. 지금도 비둘기 애호가들은 대회에 내보내려고 비둘기를 열심히 훈련시키고 있어.

비둘기는 아주 먼 곳에서도 집을 찾아오고, 몇 백 킬로미터를 먹지도 않고 쉬지도 않고 날아갈 수 있어.

3000년 전에 옛날 이집트 사람들은 이렇게 놀라운 능력을 알아보고 비둘기를 우편배달부로 훈련시켰고, 몽골의 황제 징기스 칸도 비둘기를 장거리 우편부로 이용했다는 이야기가 전해 오고 있어.

"꾹꾹!
나는 우편배달부 비둘기야!"

'쉘아미'라는 비둘기는 제1차 세계 대전에 통신병으로 참전해 병사들을 구한 공로로 훈장을 받았어. 독일군에게 포위된 프랑스군의 구호 요청 편지를 다리에 달고 본국으로 날아가 전달했어. 가는 중에 총에 맞아 가슴에 큰 부상을 입고, 한쪽 눈은 실명되고, 한쪽 다리를 잃었는데도 자신의 임무를 완수해 194명의 목숨을 구했어.

비둘기는 어떻게 멀리서도 집을 찾아갈까?
눈에 안대를 해서 아무데나 갖다 놓아도 훈련받은 비둘기는 집을 찾아갈 수 있어!

이런 능력은 오랫동안 풀리지 않는 수수께끼였어. 그런데 2007년에 놀라운 사실이 밝혀졌어. 독일의 조류학자들이 알아내기를, 비둘기 몸속에 나침반이 있다는 거야! 비둘기의 눈 주위와 부리에 철 입자가 들어 있어. 그게 항상 북쪽을 가리키고 있어서 나침반 역할을 해! 하지만 방향을 알려 주는 나침반만 가지고는 정확하게 집을 찾아올 수 없을 거야. 그래서 비둘기 주인이 열심히 훈련을 시켜. 처음에는 집에서 조금 가까운 곳에 풀어놓고 집을 찾아오면 맛있는 먹이를 줘.

차츰차츰 20킬로미터, 40킬로미터, 100킬로미터…… 점점 멀리, 점점 더 멀리까지 데리고 가. 비둘기는 훈련을 아주 잘 받아. 비둘기는 몸속 나침반으로 방향을 찾을 뿐 아니라 온갖 방법을 이용할 줄 알아. 지형지물과 태양과 별의 위치, 냄새를 기억하고, 집에서 들리는 아주아주 낮은 저주파 소리도 기억해.
그래도 비둘기가 어떻게 찾아오는지는 아직도 풀리지 않은 수수께끼야.
너라면 몇 백 킬로미터 떨어진 곳에서 집을 찾아올 수 있겠어?
누군가에게 물어보지 않고, 지도도 없이, 더군다나 아예 길도 나 있지 않는 곳을 가야 한다면 말이야. 비둘기가 날아가는 하늘에는 아무것도 없어. 그런데도 비둘기는 집으로 찾아와.
비둘기 훈련사들은 이렇게 말해.
"비둘기는 진짜 똑똑해요. 사람들은 잘 모르지만 이 새는 엄청 지적이랍니다."
정말일까? 비둘기는 집으로 찾아오는 놀라운 능력이 있고, 쉬지 않고 날 수 있을 만큼 강하고, 예쁘고 날렵해. 훈련을 잘 받고, 훈련을 받은 만큼 능력이 쑥쑥 자라고, 새끼를 잘 돌보고, 암컷과 수컷의 사이도 좋은 멋진 새야. 하지만 우리는 그런 비둘기를 별로 본 적이 없어.
공원과 길거리의 수많은 비둘기는 그리 똑똑하지도 예쁘지도 않은 것 같거든.

도시의 비둘기는 둔하고 지저분해 보여. 조심성도 없고, 거의 날지도 않고 뒤뚱뒤뚱 걸어만 다녀. 퀭한 눈으로 상하거나 버려진 음식과 쓰레기를 먹고, 온갖 화학 약품에 오염된 물도 마셔. 목욕도 잘하지 않아.

하지만 그건 비둘기 탓이 아니야. 그건 사람들이 비둘기들을 도시에 데려와 아무렇게나 방사해 버렸기 때문이야.

1988년 서울 올림픽 때 외국에서 집비둘기를 수입해 몇 천 마리를 날려 보냈어. 평화의 상징 비둘기는 커다란 행사 때마다 종종 그렇게 도시의 하늘로 방사되었어. 그런 결정을 한 사람 중에 누구 한 사람이라도, 날려 보낸 비둘기가 어떻게 될지 생각해 보았을까? 지금 우리나라 대도시의 비둘기들은 그렇게 방사된 비둘기들의 몇 대 후손들이야. 집비둘기는 야생 비둘기가 아니어서 도시를 떠나지 않은 채로 살아가고 있어. 도시에는 먹을 게 넘쳐 나고, 천적도 거의 없고, 먹고 남는 시간에 번식을 해서 수가 비정상적으로 많아졌어. 야생 비둘기는 1년에 한두 번 짝짓기를 하고 한두 번 알을 낳는데, 집비둘기는 일고여덟 번 짝짓기를 하고 알을 낳아. 그래서 자꾸만 더 천덕꾸러기가 되어 가고 있어. 그 많은 비둘기들은 어디서 알을 낳고, 어디서 새끼를 키우고, 어디서 잠을 자는 걸까?

흰 올빼미
윌리엄 제임스 웹, 1856년

올빼미

안녕! 올빼미와 인사해.

올빼미를 이렇게 가까이서 보는 건 진짜 처음일걸.

올빼미가 눈을 감고 있어. 키가 크고 하얀 올빼미야.

꼭 생각에 잠긴 귀족 부인 같은데! 하트 모양 머리, 쏙 들어간 눈,

수북한 가슴털, 뾰족하고 우아한 발톱, 망토 같은 날개!

여보세요, 올빼미 씨!

말을 걸면 올빼미 부인이 눈을 번쩍 뜨지도 몰라!

지금은 깜깜한 밤이야. 너무 조용해.

그림이니까 그런 거라고? 아니, 아니! 잎사귀 하나도 떨리지 않잖아.

바람 한 점 없는 거야. 하지만 조금 전에 급박한 일이 일어났어.

올빼미가 들쥐 1마리를 기막히게 사냥했거든!

올빼미

들쥐가 어디에 있냐고?

잘 봐, 발톱으로 들쥐 다리를 누르고 있잖아.

그런데도 올빼미는 모르는 척해. 쥐가 자기 발 아래 우연히 있는 것처럼 말이야.

올빼미는 아직 쥐를 꿀꺽하지 않았어. 배가 고플 텐데, 바쁠 텐데 눈을 감고 생각을 하고 있어.

하지만 그럴 리가! 생각에 잠기는 새가 있다는 이야기는 들어 보지 못했어. 그런데도 올빼미는 정말로 생각을 하는 것처럼 보여.

비밀스럽고 지혜롭고…… 뭔가 중요한 걸 아는 것 같다니까!

겨우 새 1마리인데 왜 특별하게 보일까?

찬찬히 그림을 들여다봐. 이유가 분명히 있을 거야.

빛나는 가슴털 때문에? 뾰족한 부리 때문에? 눈을 꼭 감고 있어서?

아니, 그건 아닌 것 같아.

푸하하, 알겠어. 그건 머리 때문이야!

올빼미는 머리가 **정말 커!**

"우리는 머리가 좀 커.
얼굴이 넓적하고!
큰 눈으로 똑바로
앞을 보고 있지!"

나는 수리부엉이!

안녕? 나는 가면올빼미야. 얼굴이 하트 모양이야.

부엉이는
올빼미와 비슷한데
귀깃이 뾰족 솟아 있어.
부엉이는 모두
올빼미과 새야.

아하! 그래서 올빼미가 다른 새와 달라 보이는구나!

이건 찬찬히 생각해 볼 문제야. 올빼미의 놀라운 비밀이 머리에 숨어 있을지 모르거든.

무슨 비밀?

깜깜한 밤에도 귀신같이 사냥감을 찾을 수 있는 비밀!

올빼미는 머리가 커서 눈알도 커! 겉으로 보이는 것보다 더 커. 피부와 깃털에 가려져 있어서 다 안 보일 뿐이야. 눈알이 크면 물체를 더 잘 알아볼 수 있어. 눈알이 크면 눈 안에 있는 망막에 물체의 상이 더 크게 맺히고 더 잘 보여.

올빼미는 커다란 두 눈을 부리부리하게 뜨고 아주 희미한 빛도 잘 감지해서 쥐와 두더지, 새끼 토끼, 작은 새가 어디에 숨어 있는지 찾아내.

하지만 올빼미에게는 심각한 문제가 있어. 사냥감이 어디로 도망가는지 살펴야 하는데, 거대한 눈알을 왼쪽으로 오른쪽으로 마음대로 돌릴 수가 없어. '공막소골'이라는 뼈가 안쪽에서 무거운 눈알을 받치고 있기 때문이야. 그래서 올빼미는 머리를 돌려. 자동차 핸들처럼 위로 아래로 스윽스윽, 올빼미는 머리를 거의 한 바퀴나 돌릴 수 있어!

동영상을 검색해 봐. 머리가 270도 돌아가는 괴이한 모습을 볼 수 있어. 만약에 닭의 목을 그렇게 비튼다면 금방 죽고 말 거야.

그렇게 괴상하게 돌아가는 머리 덕분에 올빼미는 눈알을 요리조리 돌리는 것보다 훨씬 더 넓게 볼 수 있어. 자동차 핸들 같은 머리를 스윽 돌리기만 하면 돼. 한 발짝도 움직이지 않고, 아무 소리도 내지 않고 말이야.

올빼미는 위대한 밤 사냥꾼이야.

커다란 눈알과 스윽스윽 엄청나게 돌아가는 머리로 어둠 속에서도 사냥감을 알아보고 소리도 없이 날아와 사냥감을 덮쳐. 하지만 그것뿐이라면 진정한 밤 사냥꾼이라고 할 수 없지. 올빼미는 달빛도 별빛도 없이 완전히 깜깜한 밤에도 사냥을 해! 깜깜해도 괜찮아. 빛이 없어도 소리는 있어!

**소리를 잘 듣기 위해
올빼미는 머리가 크고 얼굴이 넓적해!
커다랗고 넓은 얼굴이 바로
소리를 모으는 접시 안테나야!**

상상해 봐. 올빼미가 나뭇가지에 앉아 있어. 사방이 깜깜해. 숲에는 가로등도 없고 달도 안 보여.

쉿! 쥐가 있어.
두리번두리번, 쥐가 조심스럽게 한 발짝!
이때 크고 넓적한 '얼굴 안테나'가 필요해!

올빼미가 크고 넓은 얼굴로 소리를 잡아!

얼굴이 클수록 더 좋아!

눈알이 클수록 좋아!

그렇다고 무작정 크면 안 돼. 그랬다간 머리통이 너무 무거워 날지도 못할걸. 올빼미는 멋지게 비행할 만큼, 사냥감을 잘 찾을 수 있을 만큼 딱 맞게 머리가 커진 거야!

앗, 올빼미의 특별한 귓구멍도 보여 줄 수 있다면 좋겠는데. 올빼미는 왼쪽 귓구멍이 오른쪽 귓구멍보다 조금 더 위에 있어. 그래서 소리가 이쪽 귀에는 좀 더 빨리, 저쪽 귀에는 조금 늦게 들려와. 이 미세한 차이를 뇌가 분석해서 소리가 얼마나 멀리서, 어느 방향에서 들려오는지 섬세하게 알아챌 수 있어.

올빼미의 커다란 얼굴과 커다란 눈을 보고 있으면 이상하게 신비한 기분이 들어. 그래서 책과 영화 속에서 올빼미가 마법사의 전령이 된 건지도 몰라.

올빼미 부인! 이제 생각 그만하고 어서 들쥐를 아기 올빼미에게 갖다주라고요!

물가의 물총새
반 고흐, 1887년, 반 고흐 미술관

물총새

슥슥슥 그렸지만 딱 봐도 물총새야.
슥슥슥 그렸지만 딱 봐도 갈대숲이고.
갈대 줄기는 아주 가벼워서 바람이 살짝만 불어도 흔들릴 것 같은데
물총새도 갈대도 꼼짝도 하지 않아.
그런데 물총새야, 지금 어디를 보고 있는 거야? 무얼 기다리고 있는 거야?
이 그림을 그린 화가는 열심히 쉬지 않고 그림을 그렸지만 살아
있을 때는 딱 한 점밖에 팔리지 않았어. 하지만 죽은 뒤에는 전 세계
사람들이 가장 좋아하는 화가가 되었어. 너도 알쉬? 네덜란드의 화가
반 고흐 말이야. 반 고흐의 그림들은 아주 유명하지만 〈물가의 물총새〉는
사람들이 잘 몰라. 반 고흐는 왜 물총새를 그렸을까? 어떻게 그렸을까?
그림을 그리는 동안 물총새가 날아가 버릴까 봐 걱정이 돼.

물총새는 마치 생각에 잠긴 것처럼 오랫동안 꼼짝 않고 있어. 먹이가 나타나기를 기다리고 있는 거야. 겉으로는 조금도 표가 나지 않지만 물총새는 아주 대단한 새야!

물총새는 물고기잡이 왕이야!

이렇게 귀여운 새가 물고기잡이 왕이라고?
물총새는 크기가 겨우 어른 주먹 정도야. 조그만 열매나 쪼아 먹고 포롱포롱 날아다닐 것 같은데. 하지만 모르는 소리!
물총새가 사냥하는 모습을 보고 싶다면 너는 조금도 딴짓을 하면 안 돼. 콧구멍이라도 후비는 순간 물총새는 1초도 안 되서 사라져 버릴 거야. 먹잇감을 발견하자마자, 소리도 없이 날아가는 스텔스 폭격기처럼 눈 깜짝할 사이에 강물 속으로 슝!
물고기는 하늘을 볼 수 없으니 피할 수도 없는데 위에서 폭격기처럼 내리꽂혀. 그런데도 물이 거의 튀지 않아서 물고기는 눈치도 못 채고 잡아먹혀.
물총새는 조그만 물고기의 천적이야. 물총새의 영어 이름이 킹피셔이고, 우리나라에서도 옛날부터 별명이 물고기 잡는 호랑이였어.
물고기잡이 왕! 물고기 잡는 호랑이! 괜한 이름이 아니야.

물총새가 다이빙하고 있어!

일본의 고속 열차 신칸센은
다이빙하는 물총새에게서 영감을 얻어
디자인되었어.

우와! 물총새가
1초 만에 물고기를 잡았어!

헐! 물고기가 너무 크잖아!

먹을 수 있을까? 상관없어. 물총새는 퍼덕거리는 물고기를 나뭇가지나 바위에 때려 기절시켜. 그리고 머리부터 꿀떡 삼키는 거야. 꼭 머리부터 삼켜야 해. 그래야 물고기가 목구멍으로 넘어갈 때 지느러미나 가시에 걸리지 않아. 소화되지 않은 뼈와 지느러미는 나중에 토해 내면 돼.

하지만 지금이 번식기이고 수컷 물총새라면 이렇게 크고 좋은 물고기는 자기가 먹지 않아. 물고기를 기절시킨 다음 마음에 드는 암컷에게로 날아가지. 암컷 앞에서 물고기를 부리에 물고 춤을 추다가 암컷의 부리 앞에 고이 갖다 바쳐. 수컷이 마음에 들면 암컷이 날름 물고기를 받는데, 그러면 서로 짝이 되는 거야.

물총새 부부는 물가의 흙 벼랑에 터널 같은 구멍을 뚫고 함께 둥지를 만들어. 둥지 바닥에는 토해 낸 물고기 뼈를 깔아.

그런데 궁금해. 왜 물고기 뼈를 둥지에 깔까?

혹시 흙바닥에 있을지 모를 벌레들이 알을 해치는 걸 막으려는 걸지도 몰라.

둥지가 완성되면 암컷 물총새는 흰색 알을 5~7개쯤 낳아. 수컷과 암컷이 교대로 알을 품는데, 밤에는 암컷이 알을 품고 아침 일찍 수컷이 교대하러 날아와.

20일이 지나면 새끼가 태어나!

물총새 부부는 이제 새끼들에게 먹이를 먹이느라 하루에 물고기를
50마리나 사냥해야 해! 아무리 물고기잡이 왕이라도 힘이 들어.
그래도 내색 않고 물속을 바쁘게 들락날락해. 새끼들이 어릴 때는
아주 작은 물고기, 새끼가 조금 자라면 조금 더 큰 물고기로! 새끼들도
물고기를 머리부터 꿀떡, 통째로 삼켜. 그래서 물총새 둥지에는
소화되지 않아서 토해 낸 뼈와 지느러미들이 쌓여 질퍽거려. 아하!
알겠어. 그래서 둥지를 만들 때 물고기 뼈를 미리 깔아 두는 게
아닐까?
새끼들이 영양가 있는 물고기 밥을 먹고 쑥쑥 자라. 하지만 새끼
새들은 아직도 둥지 밖으로 나오는 게 겁이 나나 봐.

새끼가 알에서 나온 지 25일쯤 되면 물총새 부부는 새끼에게 엄하게 훈련을 시켜.

어미 새가 먹이를 물고 둥지로 들어가. 하지만 먹이를 주지 않고 도로
나와. 새끼들이 울어도 먹이를 물고 둥지로 들어갔다 나오기를
반복해. 사람 엄마들은 아이들을 교육시킬 때 이랬다 저랬다 할 수도
있지만 새들은 언제나 교육 방침을 지켜. 새끼들이 배가 고파 둥지
밖을 기웃거리다 한 걸음 두 걸음 밖으로 나오면 성공이야.

물총새 부부는 곧바로 비행 교육을 시작해!
아빠 물총새가 새끼들에게 물고기를 흔들흔들 흔들어 보이고는
날아가 버려. 새끼들은 아빠를 따라가면서 먹이를 달라고 떼를 써.
안 돼, 이제 날아야 할 때라고! 아빠 물총새는 날다가 서다가 하면서
새끼들 약을 올려. 다행히 포기하는 새끼 새들은 거의 없어. 어느 새
아빠 새를 따라 날아올라. 됐어!
이번에는 물가로 데리고 나가 사냥 시범을 보여.
새끼들이 따라 하지만 아직은 너무 서툴러. 첨벙거려서 물고기들이
다 도망가 버려. 이런! 나뭇잎을 물고 올라오거나 작은 막대기를 물고
올라오기도 해. 무엇이 먹이인지 아직 잘 모르는 거야. 새끼들은
엄마와 아빠를 따라다니며 물고기를 잡아 달라고 떼를 써.
하지만 안 돼! 이제 스스로 물고기를 잡을 때야!
며칠이 지나면 물가에 물총새 부부는 보이지 않고 새끼들만 남아
있어. 새끼들을 남겨 두고 물총새 부부가 떠나 버렸어!
새끼들이 스스로 사냥을 하고 혼자서 살아갈 수 있을까?
엄마 아빠처럼 물고기잡이 왕이 될 수 있을까?
그럼! 대대로 그래 왔는걸.

아이보리 색 부리를 가진 딱따구리들
조지프 바르톨로뮤 키드, 1830~1831년,
메트로폴리탄 미술관

딱따구리

딱따구리가 무얼 하는 거지?

딱따구리 3마리가 나무에 달라붙어 무언가를 보고 있어.

뭐야? 뭐야?

저기 커다란 사슴벌레가 나무에 붙어 있는데! 딱따구리는 나무에 사는 곤충과 애벌레를 잡아먹는데 웬일인지 지금은 그냥 구경만 하고 있어.

빨간 머리 딱따구리가 부리로 가리켜.

요놈 봐라!

위쪽의 딱따구리가 자세히 들여다봐.

처음 보는 놈인데!

딱따구리의 머리 깃털 좀 봐. 위로 치솟은 모양이 꼭 딱따구리 박사님 같아. 아하! 딱따구리 가족들이 벌레를 관찰하는 모양이야!

이건 흰부리딱따구리야. 영국 화가 조지프 바르톨로뮤 키드가 이 그림을 그릴 무렵에는 흰부리딱따구리는 숲속의 왕으로 이름을 떨치며 살고 있었어. 흰부리딱따구리는 딱따구리 중에 가장 큰데, 머리에 멋지게 생긴 붉은 볏 때문에 정말 왕처럼 보여. 나무를 쪼는 힘이 얼마나 센지 이런 이야기도 있어.

예전에 어떤 사람이 이 녀석을 사로잡아 호텔 방에 잠시 가둬 놓았어. 한 시간 후쯤 돌아와 보니 방이 난장판이 되어 있었어. 침대와 마호가니 탁자가 산산조각이 나고, 벽에 주먹이 들어갈 만큼 커다란 구멍이 뚫려 있었다는 이야기야.

하지만 숲속의 왕은 겨우 100년 사이에 거의 멸종되어 버렸어. 부인들 모자를 장식할 깃털 재료로 인기가 많아 수없이 사냥 당하고, 흰부리딱따구리가 사는 울창한 숲이 벌목으로 모두 사라져 갔기 때문이야.

딱따구리는 나무가 없으면 못 살아!

나무에 딱따구리의 집이 있고, 나무에 딱따구리의 먹이가 있어! 딱따구리는 나무껍질 틈과 나무속에 숨어 사는 곤충을 먹고, 나무를 쪼아서 구멍을 뚫고, 새끼를 기를 둥지를 만들어. 사막에 사는 딱따구리종은 커다란 선인장에 구멍을 뚫고 살아.

딱따구리는
나무 옆에
딱 붙어 있기
달인이야!

딱따구리는 나무에 수직으로 달라붙어서 뭐든지 할 수 있어. 날개 깃털을 다듬을 수도 있고 한쪽 다리를 들어서 옆구리 털을 손질할 수도 있어. 나무를 쪼고, 식사를 하고, 잠을 자고, 심지어 총에 맞은 후에도 그대로 붙어 있는 딱따구리가 발견되었을 정도야.

딱따구리는 어떻게 하루 종일 나무에 수직으로 달라붙어 있을까? 미끄러지지 않을까? 힘들지 않을까?

딱따구리의 발톱은 꼭 마녀의 발톱 같아! 딱따구리는 최고 포식자인 독수리와 매처럼 발톱이 길고 날카롭고 힘이 세.
4개의 발톱 중에 2개는 앞으로 있고, 2개는 뒤로 있어서 나무껍질을 잘 움켜쥘 수 있어. 발톱으로 나무껍질을 움켜쥔 뒤에는 꼬리로 몸을 받쳐. 딱따구리의 꽁지깃은 아주 단단해서 딱 좋은 버팀목이 돼.
딱따구리는 나무에 딱 붙은 다음에 나무를 쪼기 시작해.
딱딱 딱딱! 딱딱 딱딱!
딱따구리가 나무를 쪼고 또 쪼니까 사람들은 딱따구리가 나무를 해치는 줄 알아.

하지만 천만에! 딱따구리는 나무를 지켜 주는 외과 의사야!
딱따구리가 없다면 나무가 병이 들고 말걸. 깊숙이 숨어 나무의
수액을 빨아먹는 애벌레들 때문에 나무는 시름시름 말라 버릴 거야.
딱따구리는 단단한 부리로 나무를 파내고 애벌레를 찾아내.
딱따구리는 혀가 엄청나게 길어서, 나무를 깊숙이 파고 들어가 꽁꽁
숨은 애벌레도 거뜬히 잡을 수 있어. 흰부리딱따구리는 혀가
18센티미터나 되고 청딱따구리는 부리 밖으로 혀가 14센티미터나
튀어나와. 헐! 혀가 자기 키의 반이나 돼. 네가 딱따구리라면 혀가
엉덩이까지 오는 셈이야.

딱따구리의 혀는 아주 길고 게다가 혀끝에 특별한 '귀'가 달려 있어.
혀끝에 귀가 있다고?
그걸로 나무속에서 곤충이 일으키는 미세한 진동을 들을 수 있으니
귀라고 할 수 있지. 그렇지 않다면 조그만 애벌레가 어디에 숨어
있는지 어떻게 찾을 수 있겠어?

다른 새들은 나무 위를 기어다니는 벌레를 먹을 뿐이지만,
딱따구리는 외과 의사처럼 나무를 파내고 나무 깊숙이 숨은 해충을
잡아먹어.

좀벌레 160마리, 딱정벌레 10마리, 개미 수천 마리!
딱따구리 1마리의 위에서 나온 벌레들 숫자야!

볼래?
딱따구리가 뚫은
나무 구멍이야!

어디에 쓰는 구멍일까?

딱따구리는 이런 구멍을 몇 개씩 갖고 있어.

구멍 1개는 새끼를 기를 둥지가 되고, 또 구멍 1개는 밤에 안전하게 잠잘 침실이 돼. 또 구멍 1개는 비상용 침실이야.

딱따구리는 구멍을 뚫으려고 1초에 20번 나무를 두드려. 1초에 20번이나 두드리는 것도 대단한데, 망치로 못을 박듯이 부리로 나무를 세차게 박아. 딱따구리 연구자들이 이 모습을 슬로우 모션으로 찍어 보았는데, 한 번 박을 때마다 머리가 띠옹~ 무섭게 흔들려. 충격이 얼마나 클지도 계산해 보았어. 세상에! 미식축구 선수들이 상대 선수와 머리를 부딪칠 때보다 15배나 더 강한 충격이라는 거야. 그렇게 무시무시한 박치기를 하고도 뇌진탕에 걸리거나 머리뼈가 부서지지 않을 사람은 없어. 하지만 딱따구리는 이렇게 무시무시한 박치기를 하루에 12000번이나 해! 그런데도 무사해! 그러니 어떻게 재료 공학자들이 지대한 관심을 갖지 않을 수 있겠어. 딱따구리 박치기의 수수께끼를 풀어 어떤 상황에서도 머리를 안전하게 지켜 주는 슈퍼 헬멧을 만들려고 연구에 연구를 거듭하고 있어.

딱따구리는 해마다 둥지 구멍을 만들어. 오래된 구멍들은 아주 쓸모가 많아. 숲속의 작은 새들과 박쥐와 나람쥐가 둥지와 창고로 이용해. 물론 돈 한 푼 내지 않고 공짜로 말이야.

패랭이꽃과 제비(화조도)
전(傳) 김식, 조선 시대, 국립 중앙 박물관

제비

제비는 반가운 새야. 음력 3월 3일쯤 우리나라에 여름을 나러 와.
제비가 지지배배 울면 찬바람도 가시고 정말 봄이 온 거야.
이 그림을 그린 사람은 조선 시대의 선비 김식이야. 하지만 확실하지는
않고 90퍼센트 그럴 거라고 전문가들이 추측하고 있어. 김식은 꽃과
새들을 잘 그렸지만, 소를 너무 잘 그려서 소 그림 전문 화가로
유명했어. 김식이 그린 소는 뿔난 황소라도 귀엽고 선량하게 생겼어.
그림 속의 제비도 눈이 동그랗고 통통하고 귀엽게 생겼어.
제비가 어딘가를 뚫어지게 보고 있어. 구름 아래로 흘러가는 개울을
보는 걸까? 돌덩이 옆에 피어난 패랭이꽃을 보는 걸까? 아니, 잘 봐.
패랭이꽃 위쪽에 점이 있어! 그림에 묻은 얼룩인가? 아니, 날벌레 같아.
동그란 눈이 그걸 보고 있는 거야. 잡아먹을 참인가 봐!

제비는 유능한 곤충 사냥꾼이야!

파리, 모기, 잠자리, 하루살이, 벌…… 뭐든지 날아다니는 곤충이라면 제비의 밥이야.

제비가 새끼를 기를 땐 하루에도 수백 번 둥지를 왔다 갔다 하며 사냥을 해.
새끼 5마리가 있는 둥지에 하루에 최고 639번이나 먹이를 물고 날랐다는 기록이 있어.

이렇게 곤충을 해치우는 제비의 힘을 빌려 모기와의 전쟁을 시작한 나라가 있어. 프랑스에서는 대부분 창문에 방충망을 달지 않아. 그래서 뎅기열이나 지카 바이러스 전염병을 옮기는 모기의 피해가 극심했어. 그런데 베글르 시에서 재밌는 아이디어를 냈어. 모기의 천적이 바로 제비란 말씀!

공원과 학교 운동장에 제비 집을 만들어 주고, 모기 산란지 주변에는 박쥐 서식처를 만들었어. 박쥐도 모기의 천적이거든. 낮에는 제비가 모기를 잡고, 밤에는 박쥐가 모기를 잡고. 그리고 집집마다 홍보도 했대.

"정원에 제비 집을 만들어 보세요! 제비 집 하나 1만 5천 원, 시에서 비용 부담!"

어떻게 됐을까?

제비 1마리가 하루에 모기 2000~3000마리씩 먹어 치웠어! 독한 방역 가스를 뿌려 대지 않아도 모기가 몰라보게 줄어들었어. 모기도 퇴치하고 제비도 살리게 된 거야!

제비

옛날 사람들은 제비가 자기 집에 둥지를 틀면 좋아했어.
제비가 집 처마에 둥지를 지으면 새끼들이 울어 대서 시끄럽고 똥도
많이 떨어지지만, 제비가 해충을 먹어 농사가 잘 되도록 도와주기
때문이야. 제비는 올해 만들었던 둥지를 고쳐서 내년에 또 써.
그렇게 몇 년씩 둥지를 고쳐서 쓰고 또 고쳐서 써. 그래서 옛날
사람들은 제비가 옛정을 잊지 않는 새라고 생각했어. 늘 있던 곳으로
돌아와 둥지를 지으니까 말이야.

제비는 건축가야!
제비 부부는 함께 둥지를 짓는 건축가 부부야!

먼저 암컷 제비가 둥지 터를 보고 다녀. 진흙 알 1개를 물고 와 집 지을
벽에 침으로 붙여. 잠시 뒤에 수컷 제비와 함께 와서 벽이 허술하지
않은지, 너무 시끄러운 곳은 아닌지 확인해.
어때? 괜찮은데!
그러면 함께 둥지를 짓기 시작해. 둥지를 지으려면 진흙과 지푸라기가
필요해. 제비가 둥지를 지을 처마 밑에는 둥지를 받쳐 줄 받침이 없어.
하지만 논의 진흙을 지푸라기와 섞으면 벽에 잘 붙고도 튼튼한 건축
재료가 돼. 진흙에 지푸라기를 섞고 침을 발라 벽에 붙이면 돼!

둥지를 완성하려면 진흙 알 200~300개가 필요해.
제비는 한 번에 진흙 알을 1개씩만 물어올 수 있어.
그느라고 둥지와 논을 얼마나 많이 왔다 갔다 해야 할까?

제비

제비는 태어나서 처음 둥지를 짓는데도 백 번쯤 지어 본 것 같아! 부모 새가 둥지 짓는 걸 한 번도 본 적 없는데 척척 척척 둥지를 만들어.
10일쯤 지나면 둥지가 완성돼. 이제 안전하게 알을 품을 수 있고,
둥지에 새끼를 숨겨 두고 먹이도 찾으러 갈 수 있어.
그런데 어떻게 야생의 제비가 사람이 사는 마을, 사람이 사는 집에 둥지를 틀게 되었을까?

옛날 옛날에 제비는
숲속의 나무 구멍이나 바위 굴에
둥지를 틀고 알을 낳았어!

10000년쯤 전에 사람들이 농사를 짓고 마을을 이루어 살기 시작했을 때쯤 놀라운 일이 일어났어. 사람들 마을에 둥지를 트는 제비들이 생겨난 거야!
사람이 사는 집에는 제비의 천적 황조롱이가 찾아오지 않았어.
뻐꾸기도 날아오지 않았어. 뻐꾸기는 제비 둥지에 커다란 알을 낳고, 커다란 뻐꾸기 새끼가 태어나면 조그만 제비 새끼를 둥지에서 밀어내 버려. 그런데 뻐꾸기도 황조롱이도 사람 가까이 오기를 싫어하니, 우연히 사람 집에 둥지를 튼 제비들은 잘 살아남고 점점 번성하게 되었어.

논밭에는 제비가 좋아하는 곤충도 아주 많아. 둥지 짓기 좋은 논흙과 지푸라기도 얼마든지 있고. 오래지 않아 제비는 바위 굴 둥지를 버리고 사람 집에 둥지를 틀게 되었어.

하지만 이제 우리는 제비를 거의 볼 수 없어.

어디를 보아도 제비가 둥지를 틀 수 있는 집이 거의 사라졌어.

시골에도 처마와 흙벽이 있는 초가집이나 기와집이 없어.

온통 콘크리트로 만든 건물뿐이야.

논과 밭에는 농약이 잔뜩 뿌려져 있어. 농약 묻은 풀을 곤충이 먹고, 곤충을 제비가 먹고, 제비 몸속에 농약이 쌓여. 알을 낳아도 껍질이 너무 얇아. 그런 알은 금방 죽어 버려. 새끼가 태어나도 오래 살지 못해. 어쩌면 제비는 둥지를 지을 때마다 농약 묻은 진흙 알을 부리로 수없이 나르느라 농약 중독이 되었을지도 몰라.

그럼 이제 제비를 볼 수 없는 거야?

제비가 돌아오면 좋겠어. 농약을 쓰지 않고 농사를 짓는 사람들이 점점 늘어난다면 제비가 올지 몰라.

매화, 대나무, 새를 그린 백자 청화 병
(백자 청화 매조죽문 병)
조선 시대, 보물 659호, 개인 소장(이헌)

참새

이건 500년 된 조그만 술병이야. 조선 시대 어느 왕족이 살아 있을 때 아끼던 술병인데 죽을 때에도 같이 묻혔어. 왕족의 뼈는 흙이 되었지만 이 조그만 술병은 무덤 속에 고이 남아 있었어.

상상해 봐. 500년 전에 어느 늙은 도공이 정성을 다해 백자를 빚었을 거야. 궁궐에서 파견된 솜씨 좋은 궁중 화원이 금보다 비싼 푸른색 물감으로 백자 위에 그림을 그렸어. 무슨 그림일까? 매화나무와 귀여운 참새 2마리! 매화는 조선 시대 선비들이 좋아했던 그림 주제야. 그런데 조그맣고 평범한 참새도 좋아했을까? 기품 있는 학이나 두루미, 당당하기 그지없는 매라면 몰라도 말이야.

아하! 이건 술병이잖아. 매나 두루미보다는 기쁘게 노래하는 참새가 더 어울려!

참새

술병의 참새를 봐 봐.

2마리가 사이좋게 붙어 있어. 기분이 좋아 보여. 참새 부부일까? 아니, 이건 태어난 지 1년이 안 된 어린 참새들이야. 어떻게 알아? 참새의 얼굴을 보면 알아. 어른 참새는 뺨에 검은 점이 있는데 어린 참새는 아직 검은 점이 없어.

참새는 3월에서 7월 사이에 태어나. 사람의 아기는 1년 중에 아무 때나 태어나는데, 새는 대개 봄에 태어나. 철새는 봄에 알을 낳아 여름까지 새끼를 기르고, 가을이면 추운 겨울을 나러 멀리 떠나야 해. 참새는 한 곳에 머물러 사는 텃새라서 철새보다 번식기가 길어. 매화나무에 꽃이 피어 있는 걸 보니 이른 봄이야. 어린 참새는 매화꽃을 처음 봐. 그래서 신기한 모양이야. 술병의 참새들이 매화꽃을 보고 있잖아.

참새는 무얼 하며 하루를 보낼까?

새는 아침에 일찍 일어나. 어린 참새 2마리도 물가를 찾아가 목욕을 했을 거야. 몸에 붙은 기생충 같은 걸 떼 내려고 물에 들어갔다 나왔다 하면서 깃털을 씻고 부리도 씻고. 깃털에 묻은 물기를 털어 내고 꼬리에 있는 지방샘에서 기름을 짜내 깃털에 꼼꼼하게 발라. 깃털이 비에 젖지 않도록 날마다 방수 처리를 해야 하거든. 그리고 나면 하루 종일 먹을 걸 찾아 다녀. 많이 먹어야 체온을 유지하고 하늘을 날 수 있어.

참새는 하루에 자기 몸무게만큼 먹어!
그런데도 배가 터지지 않아.
빨리빨리 소화시키고 계속 똥을 싸.

저녁이 되면 어린 참새들은 나무에 모여 앉아 노래를 연습해.
아주 열심히 연습해!
어린 참새는 가수 연습생 같아. 작년에 아빠 참새에게 배웠지만
아직도 서툴러. 제대로 하려면 리듬도 익혀야 하고 곡조도 더
연습해야 해. 고음과 저음, 바이브레이션도 익혀야 해. 1년쯤 연습해야
어른 참새와 비슷하게 멋지게 노래할 수 있어.

수컷 참새는 아침마다 노래를 불러.

여긴 내 구역이니 침범하지 말라고 열심히 메시지를 날리는 거야.
봄이 되면 더 바쁘게 노래를 불러. 마음에 드는 짝을 찾으려고 아침
저녁으로 노래를 불러. 비둘기, 까치, 닭 들도 울음소리를 내지만 그건
진정한 노래가 아니야. 참새의 노래는 멜로디와 리듬이 있어.
참새, 개똥지빠귀, 휘파람새…… 이런 참새목 새들은 기관지 사이에
울음주머니가 있어. 울음주머니에 붙어 있는 근육을 움직여
울음주머니를 부풀렸다 오므렸다 하며 고음도 내고 저음도 내는 거야.
노래하는 새는 이상하게도 대부분 조그만 새야. 독수리나 타조,
칠면조가 노래하는 걸 본 적 있어? 작은 새는 다른 수컷과 다투지
않고 열심히 노래를 불러 짝을 찾는 문제를 해결해!

음치 참새도 있을까?
있어! 참새는 날 때부터 노래를 잘 하는 게 아니야. 부모 참새에게 듣고 배워.

부모 참새에게
노래를 배우지 못한 참새는
커서도 노래를 못해!

네가 태어나 매일매일 엄마와 아빠가 이야기하는 걸 듣고 옹알이를 하다가 말을 하게 되는 것처럼 새들도 그렇게 노래를 배워. 참새가 노래를 부르는 건 네가 영어를 배우는 것과도 비슷해. 많이 듣고 따라하다 보면 나중에는 발음이 점점 좋아지고 외국어를 잘하게 되잖아. 참새도 그런 거야. 조류계의 일등 가수 요정굴뚝새는 새끼에게 노래 조기 교육을 시켜. 알에서 나오기 전부터 노래를 가르치는 거야. 엄마 새가 알을 품고 앉아서 노래를 불러 줘. 새끼가 태어난 뒤에도 일주일쯤 노래를 불러 줘.

새는 들은 대로 노래를 부르기 때문에 다른 지방에 사는 새끼리는 노래의 곡조도 달라. 우리도 서울말, 경상도 말, 전라도 말이 다르고 사투리가 있는 것처럼 참새도 서울 참새, 경상도 참새, 전라도 참새…… 모두 노래가 달라.

시끄러운 도시에 사는 참새는 조용한 숲에 사는 시골 참새보다 훨씬 높은 음조로 노래해. 무슨 노래인지 잘 들릴 수 있도록 자기도 모르게 높은 음조의 노래를 부르고 새끼 참새에게도 그렇게 가르쳐.

어린 참새가 아빠 참새에게 배우는 노래는 이런 거야.

"짹짹! 짹짹! 어이, 아름다운 아가씨, 날 좀 봐요."

"난 철이라고 해요."

"당신과 같은 종류의 참새죠."

"보시다시피 아주 멋진 수컷이랍니다."

"나와 결혼하면 더 깜짝 놀랄걸요!"

하지만 노래 한 곡 갖고는 안 돼. 멋진 수컷이라면 노래 레퍼토리가 5개는 되어야 하거든. 조류학자들이 참새 615마리의 노래를 녹음해 컴퓨터로 분석해 보았는데, 참새 1마리가 평균 5곡의 노래를 부를 수 있었어. 물론 7곡쯤 부를 수 있다면 더할 나위 없이 좋고. 암컷 참새는 우렁차게 노래하는 목소리만 큰 참새보다 다양한 노래를 부를 수 있는 수컷 참새를 더 좋아해. 네가 암컷 참새라도 그렇지 않겠어?

까치
모네, 1868~1869년, 오르세 미술관
© Bridgeman Images - GNC media, Seoul, 2020

까치

추운 겨울날이야. 며칠 동안 눈이 내렸어.

모네는 코트를 세 벌 껴입고 이젤을 들고 그림을 그리러 나가. 너무 추워서 코도 손가락도 얼어붙을 지경이야.

아무도 없고, 까치 1마리가 나뭇가지로 만든 문 위에 앉아 있어.

모네는 까치와 눈밭과 눈 위의 그림자를 그리기로 해.

이 그림을 그리려고 생각을 아주 많이 해 두었어.

슥슥슥! 하얀 하늘과 하얀 강, 하얀 나무들과 하얀 지붕, 하얀 눈밭을 그려. 하지만 그냥 하얗게 그리지는 않을 거야. 하얀 눈이 세상을 덮었어도 모두 느낌이 달라. 햇빛이 닿는 곳은 따뜻하게 빛나도록, 담장 아래로는 옅은 보라색 그림자를 그려. 마지막으로 검고 조그만 까치를 그려. 까치의 조그만 그림자도 그려.

이 그림 속에서 까치는 아주 중요해.

손가락을 들어 까치를 안 보이게 가려 봐!

그림이 어떻게 보여? 어떤 느낌이야?

까치가 없다면 그림이 쓸쓸하게 보일걸. 심심하게 보일걸. 이 그림의 제목도 그래서 까치야.

모네는 몇 달 동안 정성껏 그림을 그려 전시회에 출품했지만 거절당했어. 심사하는 화가들이 말하길, 그림이 너무 크다는 거야. 너무 대충 그렸다는 거야. 그림자는 이런 색깔이 아니라는 거야. 헐! 이렇게 아름다운 그림을 보고 말이야. 그림 속의 까치가 깍깍 웃겠어.

네가 그림 속의 까치를 유심히 본다면 까치에 대해 2가지 사실을 눈치챌 수 있어. 맞혀 볼래?

아하! 이렇게 한겨울에 돌아다니는 걸 보니 까치는 겨울을 나러 멀리 날아가는 철새가 아니야. 맞아, **까치는 1년 내내 볼 수 있는 텃새야.**

그리고 어느 집의 문짝에 앉은 걸 보니 까치는 사람 사는 곳 가까이에서 살아. 맞아, 까치가 시골 마을이나 도시에 산 지는 아주 오래되었어. 까치는 아주 적응을 잘 해. 하지만 까치야, 거기에 먹을 게 있어? 모두 눈에 덮여 있잖아. 밤이 오면 어디에서 자는 거야?

걱정 마! 까치는 나뭇가지에 남아 있는 조그만 열매를 찾아내고, 눈 덮인 풀밭에 꽁꽁 숨은 벌레도 찾아낼 거야. 깃털을 부풀리고 머리를 날개 속에 묻고 추운 겨울밤도 견딜 거야.

까치는 호기심이 많고
민첩하고 대담하고 집요해.

까치

까치는 까마귀과 새야.

까마귀과 새들은 지능이 높아.

어느 까치 연구자가 까치에게 당한 이야기는 조류학자들 사이에 아주 유명해. 서울 대학교 까치 연구팀이 까치의 생태를 조사하기 위해 직접 나무를 타고 올라가 까치집을 건드렸어.

그런데 까치가 그 뒤로 연구원을 못 살게 구는 거야. 다른 까치들에게도 이 '나쁜' 연구원을 알려 주어서 주위의 까치들이 이 연구원이 나타나기만 하면 따라다니며 깍깍거리고 뒤통수를 공격하기 시작했어. 드디어는 밖에서 돌아다닐 수 없을 지경이 되었어. 연구원이 꾀를 내었어.

친구와 모자를 바꿔 쓰면 까치가 모를 거야!

하지만 천만에! 까치는 속지 않았어!

모자 따위로 속이려 하다니!

까치가 속으로 코웃음을 쳤을지도 몰라. 커다란 할로윈 가면이라면 또 모를까.

까치에 관한 놀라운 이야기들이 얼마든지 있어.

고양이 꼬리를 부리로 쪼며 약 올리는 까치를 본 적 있어? 값비싼 반지와 자동차 열쇠와 숟가락을 훔쳐 자기 둥지에 고이 갖다 놓은 이야기는? 죽은 까치 옆에 모두 모여 애도하며 장례식을 치른다는 이야기는?

까치는 거울에 비친
자기 모습을 알아봐!

2008년에 독일의 연구팀이 키우는 까치들이 거울 테스트를 통과했어. 조류학자들은 깜짝 놀랐어.

뭐라고? 새가! 그럴 리가! 까치가! 그럴 리가!

거울 테스트는 간단해. 거울을 앞에 두고 무슨 일이 일어나는지 지켜보는 거야. 거울 속에 비친 게 자기인지 알아보면 통과!

하지만 이제까지 사람, 침팬지, 오랑우탄, 보노보, 고릴라, 큰돌고래, 범고래, 아시아코끼리만이 거울 테스트를 통과했을 뿐이야.

모두 포유동물이야. 대형 동물이고.

그런데도 까치가 거울 테스트를 통과했다는 거야? 어떻게?

한쪽 방에는 거울이 있어. 한쪽 방에는 그냥 판자만 있고. 방이 연결되어 있어서 까치가 마음대로 왔다 갔다 할 수 있어.

연구팀은 까치가 어느 쪽 방에서 시간을 많이 보내는지 살폈어.

까치들은 거울이 있는 방에서 실험 시간 대부분을 보냈어. 거울을 오랫동안 보며 천천히 움직여 보기도 해!

하지만 이걸로는 까치가 거울 속 모습을 알아보는지 알 수 없어.

좀 더 결정적인 실험이 필요해!

까치의 턱에 점을 찍어!

까치가 점을 긁으면 거울에 비친 새가
자기라는 걸 알아본다는 뜻이야!

까치가 거울을 보고 있어.

실험자가 다가가 턱에 물감으로 점을 찍어. 노란색 점이야!

거울 테스트를 받은 까치 5마리 중에 3마리가 거울을 보고 자기 턱에 있는 점을 긁어 댔어. 떼어 내려고 발로 긁고, 바닥에 머리를 비벼!

하지만 혹시 가려워서 그런 걸지도 몰라.

실험자가 다가가 턱의 색깔과 똑같이 검은색 점을 찍어!

이번엔 까치가 안 긁어!

까치는 가려워서 긁은 게 아니야. 정말로 거울에 비친 노란색 점을 보고 긁은 거야! 게다가 거울을 치우면 더 이상 긁지 않아!

까치는 정말 자기를 알아볼 수 있을까?

사람의 아기는 만 두 살이 지나면 거울을 보고 자기를 알아볼 수 있어. 그리고 '남'과 '나'를 알게 돼.

까치도 혹시 자아가 있을까?

까마귀가 나는 밀밭
반 고흐, 1890년, 반 고흐 미술관
© Bridgeman Images - GNC media, Seoul, 2020

까마귀

옆으로 기다란 그림이네?
정말! 가로가 세로보다 2배로 길어. 그래서 그런가 봐. 하늘도 낮고, 까마귀도 낮게 날고, 밀밭은 아주 넓어. 낮고 넓어서 조금 쓸쓸해 보여. 봐! 하늘도 흔들리고 있잖아. 구름도 일렁일렁, 길도 나무도 밭도 비틀비틀! 거기에 까마귀 무리가 날고 있어. 어디로 가는 걸까? 날도 어두워지고 바람도 세게 부는데……. 그런데 죽죽 그은 붓질이 〈물가의 물총새〉 그림과 어딘지 비슷해 보여. 맞아, 이건 반 고흐의 그림이야. 반 고흐가 죽기 전에 살았던 마을의 풍경인데, 실제 모습은 평범한 밀밭이었을 거야. 하지만 그림은 달라. 낯설고 아름답고 쓸쓸하고, 그런데도 힘이 있고, 그런데도 불안해. 반 고흐는 밀밭 그림을 여러 점 그렸는데 이번에는 까마귀가 등장해.

왜 하필 까마귀를 그렸을까?

까마귀는 시끄럽게 깍깍거리고, 우아하지도 예쁘지도 않고, 아무거나 먹고, 쓰레기를 뒤지고, 시체가 보이면 우르르 몰려다녀.

사람들은 까마귀가 죽음을 몰고 오는 불길한 새라고 생각해.

반 고흐도 그렇게 생각했을까? 하지만 까마귀에 대해 진짜로 알았더라면 이렇게 쓸쓸한 그림에 까마귀를 그리지 않았을 거야.

까마귀는 호기심 많고 노는 걸 좋아하는 새야!

까마귀가 노는 걸 좋아한다고?

까마귀는 정말 그래! 구멍이 있으면 들여다보고, 튀어나온 게 있으면 물어서 잡아당겨. 첫눈이 내리면 흥분해서 눈 위를 일부러 데구루루 굴러. 병뚜껑을 물고 와 올라타고 눈썰매를 즐겨. 바람이 세게 부는 날에는 바람을 타고 하늘로 붕 날아올랐다 슝 떨어지면서 스릴을 즐기고, 날다가 지칠 때는 자기보다 커다란 독수리의 등에 올라타! 하지만 까마귀가 가만히 있으면 너무 평범하게 보여. 공작처럼 멋진 깃털도 없고, 독수리처럼 강한 부리도 없고, 두루미처럼 우아하게 목이 길지도 않아. 까마귀 모습 중에 특별한 게 있다면 까맣다는 거야!

까마귀는 머리와 꽁지, 날개, 발톱과 부리까지
온통 까매.
큰부리까마귀도 까맣고 그냥 까마귀도 까매.

까마귀

그렇다면 이상해. 어떤 동물이 완전히 까맣다는 건 정말 이상한 일이거든. 숲과 들에 사는 수많은 동물들을 생각해 봐. 머리부터 발끝까지 온통 까만 녀석은 거의 없어. 자기를 잡아먹을지 모르는 사냥꾼들 틈에서 잘 숨어 있으려면 얼룩덜룩하거나 거무튀튀하거나 줄무늬가 있거나 평범한 갈색이 더 좋기 때문이야. 사냥을 하는 육식 동물도 자기 모습이 잘 안 보이는 게 더 좋아. 초록색 숲에서, 나무들 틈에서, 눈 내린 들판에서 온통 까맣기만 하다면 더 튀어 보일걸.

그런데도 까마귀는 자신만만하게 까만색이야!

까맣지 않은 까마귀도 있지만 까마귀는 대부분 까매!

어떤 아이가 너무 궁금해서 까마귀 학자에게 물어보았어.

'까마귀는 왜 까매요?'

학자는 이렇게 답장을 보냈어.

'아무도 모른답니다!'

헐! 조류학자도 까마귀가 왜 까만지 모른다니! 까마귀에게 물어볼 수도 없고!

어쩌면 까마귀들은 자기들만 까맣기 때문에 자기들끼리는 금방 알아볼 수 있을지도 몰라. 하지만 얼룩도 없고 무늬도 없고 점도 없고 모두 다 까맣기만 한데, 까마귀들은 서로서로 알아볼까? 누가 누군지 서로 얼굴을 알아볼 수 있을까?

있어!

까마귀는 무리를 지어서 공동생활을 해.
무리를 지어 함께 사는 동물들은 서열이 있어.
까마귀 무리에는 서열이 있고, 그건 까마귀들이
서로를 정확하게 알아볼 수 있다는 뜻이야!

누가 서열 1위, 2위, 3위인지…… 꼴찌인지
까마귀들은 잘 알고 있어!

무리 중에 누가 대장일까? 덩치가 제일 큰 놈, 싸움을 제일 잘하는 놈? 나이가 많고 경험이 많은 까마귀?

비둘기 무리에서는 가장 커다란 놈이 대장이 돼. 닭들은 부리로 쪼아 대며 서열을 가려. 하지만 까마귀 무리의 서열 경쟁에서 힘만큼 중요한 게 용기와 자신감이야!

경쟁자 둘이 서로 노려보고 있어. 몸을 위로 곧추세우고 깃털을 몸에 착 붙이고!

"깍깍! 당장 비켜! 안 그러면 날아올라 공격하겠다! 깍!"

하지만 정말로 공격하는 일은 거의 없어. 그냥 온 힘을 다해 상대를 겁주는 거야.

앗, 한 놈이 슬슬 도망가는데? 이긴 놈은 목을 세우고 가슴을 내밀어! 싸우지도 않았는데 어떻게 된 거지?

이긴 까마귀는 용기와 에너지와 자신감이 넘치는 까마귀야. 용기와 에너지와 자신감으로 상대를 압도하고 일인자가 된 거야! 그렇게 **까마귀들끼리 서열 다툼을 하고 서열이 차례로 정해져. 까마귀 무리에 한 번 서열이 정해지면 변하지 않아.**

까마귀 대장은 당당하고 위엄 있게 돌아다녀. 언제 어디서든 품위를 지키느라 말이야. 그런데 재밌는 건 까마귀 대장이 서열 2위에게는 신경을 곤두세운다는 거야. 서열이 한참 낮은 까마귀들에게는 관대하게 대하는데 말이야.

"서열 2위는 위험한 놈이야!
아니, 위험할지 모르는 놈이야!
혹시 왕위를 노릴지 누가 알겠어?"

보통 때 서열 꼴찌는 서열 2위 앞에서 기를 펴지 못해.
하지만 이번엔 달라. 둥지를 빼앗길 순 없어! 서열 꼴찌 까마귀가
머리를 낮추어 웅크리고 깃털을 최대한 부풀려.
깍깍! 깍깍! 소리가 점점 커져!
까마귀들이 모두 시끄럽게 깍깍거려. 싸움이 크게 터지기 일보
직전이야. 바로 이때야. 대장 까마귀가 나서!
대장 까마귀는 서열이 더 높은 놈에게 흥분하고, 서열이 훨씬 낮은
놈에게는 관대하게 대해. 그게 까마귀 사회에 대대로 내려오는
규칙이야.
"깍깍! 서열이 더 높은 놈이 누구야? 당장 꺼져!"
대장 까마귀가 끼어들고 싸움이 종료돼. 대장 까마귀가 더 약한
까마귀의 편을 들어준 셈이 된 거야.
까마귀처럼 무리 지어 함께 생활하는 동물들은 서열 덕분에 큰
싸움을 막을 수 있어. 경찰이 없어도, 판사가 없어도, 까마귀 사회가
잘 돌아가!

여인과 앵무새
루이 에밀 빌라, 1873년

앵무새

어느 부잣집에 앵무새가 살고 있어.
예쁜 아가씨가 앵무새를 기르고 있나 봐. 먹을 것을 손에 들고
앵무새에게 주려고 해.
이 그림을 그린 사람은 프랑스의 화가 루이 에밀 빌라인데, 화려한
드레스를 입은 부인들의 초상화를 많이 그렸어. 부인들이 기르는
새도 초상화에 가끔 등장해.
깃털이 파랗고 배가 황금색인 이 앵무새는 금강앵무 종류야.
금강앵무는 앵무새 중에 큰 편이어서 머리에서 꽁지깃까지 1미터나
돼. 게다가 사람의 말을 잘 따라 해!
우와! 그렇게 커다란 새가 집안을 날아다니고, 강아지처럼 주인을
쪼르르 따라다니고, 게다가 말도 한다고?

앵무새는 원래 열대의 숲에 살았어. 그런데 사람들이 예쁘고 색깔이 화려한 앵무새를 보고 사로잡아 기르기 시작했어.

그러다가 깜짝 놀라지 않았겠어?

앵무새가 사람의 말을 따라 하는 거야! 인사를 하고, 욕도 따라 해. 남자 주인이 키우면 남자 목소리로, 여자 주인이 키우면 여자 목소리로!

앵무새가 사람의 말을 따라 하는 건 아마도 주인이 날마다 앵무새를 보면서 자주 말해 주고, 앵무새가 보는 앞에서 매일매일 똑같은 말을 되풀이하기 때문일 거야.

그래도 너무 신기해. 그렇게 흉내를 잘 낸다니! 그럼 앵무새가 까마귀나 딱따구리 소리도 흉내 낼 수 있을까? 늑대나 멧돼지 울음소리도?

앵무새는 집에서 기르는 개의 목소리를 흉내 내기도 해. 하지만 야생에서 다른 새나 동물의 소리를 흉내 내는 앵무새는 아직 관찰되지 않았어. 하지만 집에서 기르는 앵무새는 덜커덩 문이 닫히는 소리, 자동차 빵빵 소리, 드르렁드르렁 코 고는 소리, 초인종 소리, 전화벨 소리도 따라 해. 오페라의 노래도 따라 부르고 개그맨처럼 성대 모사도 할 수 있어!

전문가에게 잘 훈련받은 앵무새는 말을 흉내만 내는 게 아니라 사람의 소리로 자기가 하고 싶은 말을 할 수도 있어!

바나나가 먹고 싶을 땐
"바나나!"
하고 외쳐.

앵무새

앵무새는 어떻게 사람의 말을 따라 할까?

새들은 대부분 혀가 가늘고 딱딱한데, 앵무새의 혀는 사람의 혀처럼 부드럽고 잘 움직여. 그래서 여러 가지 소리를 낼 수 있어.

앵무새의 뇌는 청각을 담당하는 부위가 다른 새들보다 커. 그건 청각 부위가 발달되어 있다는 뜻이야. 그래서 앵무새는 섬세하게 들을 수 있고, 또 들은 걸 잘 기억할 수 있어.

앵무새는 뇌가 조그만 호두 크기지만 세 살에서 다섯 살 꼬마아이의 지능과 비슷해!

하지만 조류학자들은 오랫동안 새가 기억을 잘할 리 없다고 생각했어. 새의 뇌는 작아. 포유동물에 비하면 새의 뇌는 너무 작아. 고양이보다 토끼보다 뇌가 작아. 비둘기는 생쥐보다 몸집이 큰데도 뇌가 생쥐의 뇌보다 작아. 새는 날아야 하기 때문에 뇌가 작고 가벼울 수밖에 없어.

그런데 어떻게 뇌가 작은 앵무새가 기억을 잘할 수 있을까?

조류학자들은 그게 너무 궁금해서 새와 포유동물의 뇌신경 세포 수를 비교해 보았어.

어떻게 된 거야?

앵무새와 포유동물의 뇌신경 세포 개수가 비슷해! 앵무새의 뇌는 개나 원숭이의 뇌보다 훨씬 작지만 뇌신경 세포가 아주 촘촘하게 들어 있어.

새 중에서도 까마귀와 까치, 앵무새는 조류계의 아인슈타인이야!
천재 앵무새 알렉스의 이야기를 들으면 깜짝 놀랄걸? 미국의 아이린
페퍼버그 박사는 어느 날 애완동물 가게에서 회색앵무를 발견하고
데려와 훈련시켰어. 하지만 억지로 가르치지 않았어. 박사는
회색앵무가 눈여겨보고 스스로 배울 수 있을 거라고 생각했어.
페퍼버그 박사와 조수가 앉아서 서로 이야기해. 조수가 종이를 들고
펄럭이며 말해.
"이게 뭐지?"
"꺽꺽!"
페퍼버그 박사가 앵무새 소리를 흉내 내는 거야.
조수가 다시 종이를 흔들어.
"자, 어서, 이게 뭐지?"
이번에는 페퍼버그 박사가 사람 말로 대답해.
"종이."
이제 역할을 바꿔 박사가 묻고 조수가 대답해. 알렉스는 아주 중요한
걸 배워. 누구나 대답도 하고 질문도 할 수 있다는 걸 말이야! 물론
'종이'도 알게 되었어. 알렉스는 100개나 되는 사물의 이름을
깨우치고, 8까지 셀 줄 알고, 7가지 색깔과 사각형, 삼각형, 원도
구분할 수 있어. 여러 가지 물건들이 무엇이 서로 같은지, 무엇이 서로
다른지도 알아!

알렉스는 자기가 대답하기 싫으면 하지 않아.
다른 게 하고 싶다면 말이야.

알렉스가 고집스럽게 딴청을 피워. 알렉스는 공부가 하기 싫고 샤워가 하고 싶은 거야. 박사가 알렉스에게 물을 뿌려 주자, 기분이 좋아져서 대답해.

"알렉스, 무엇이 같아?"

"모양!"

"알렉스, 무엇이 달라?"

"색깔!"

알렉스는 정말로 놀라운 앵무새야. 부리를 닦고 싶으면 손수건을 정중하게 요청하고, 꾀를 부리고, 거짓말을 하고, 화를 낼 줄도 알아. 포도를 달라는데 바나나를 주면 바나나를 그 사람에게 던져 버려. 한번은 털갈이 시기가 되어 깃털이 계속 빠지니까 '기분이 엿 같습니다'라고 말했다니까. 공부하기 싫을 때는 블록이 얹혀 있는 쟁반을 엎어 버리고, 정답이 회색이면 회색만 빼고 아는 색을 모두 말해 페퍼버그 박사를 열받게 해. 박사가 다른 앵무새를 훈련시킬 때는 질투가 나서 그 앵무새에게 다가가 '틀렸어! 틀렸어!' 하고 훼방을 놓아. 알렉스는 아주 유명해졌고, 페퍼버그 박사가 계속 연구비를 받을 수 있게 해 주었고, 죽었을 때는 세계적인 스타가 죽었을 때처럼 신문에 보도되었어.

혹시 누군가가 새대가리라는 말을 쓰는 걸 보거든 이렇게 말해.

"새가 똑똑하다는 걸 모른다고요? 앵무새에게나 배우세요!"

커다란 앵무새가 작은 앵무새보다
더 오래 살고 흉내를 잘 내.

회색앵무는
앵무새 중에 가장 영리하고
사람 흉내를 제일 잘 내.

히아신스금강앵무는
가장 커다란 앵무새야.
국제적 멸종 위기 동물 I급이야.
70~80살까지 살 수 있어.

왕관앵무(중형)는
사람을 잘 따르지만,
겁이 많은 편이야.

사랑앵무(소형)는
우리나라에서는 잉꼬라고 불러.
소형 앵무새지만 훈련을 시키면
사람의 말을 따라 할 수 있어.

난과 두 마리의 벌새
마틴 존슨 히드, 1871년,
레이놀다 하우스 미국 미술관

벌새

여기가 어디일까? 뭔가 신비로운데 괴이하고, 꽃과 나무들이 낯설게 느껴져. 혹시 외계 행성이 아닐까? 꼬불꼬불한 나무들과 나무에 엉겨 붙은 덩굴 식물과 이끼들……. 괴상하게 커다란 꽃을 좀 봐. 꿈틀꿈틀 움직일 것 같아. 어쩌면 자기 옆에 있는 새들을 슬쩍 보고 있는지도 몰라! 하늘도 이상해. 왼쪽 하늘은 파랗고, 오른쪽 하늘에는 검은 구름이 몰려 있어. 그림의 반쪽에만 폭풍우가 치고 있어.
그림이 마치 유리처럼 매끈매끈해 보여. 그런데도 진짜 정글에 들어온 것 같아.
마틴 존슨 히드는 미국의 화가인데, 어느 날 브라질의 오지를 여행하고 열대의 꽃과 벌새에게 완전히 마음을 빼앗겨 버렸어. 커다란 난초 꽃 옆에 작은 새 2마리가 바로 벌새야.

벌새는 세상에서 가장 작은 새야!

벌새는 세상에서 가장 빨리 심장이 뛰는 새이고, 매일매일 다른 새들과 싸우기로 유명한 새야!
지금도 벌새 2마리가 싸우고 있는 중이야.
혹시 뽀뽀하는 거 아니야?
아니, 서로 다른 종끼리 뽀뽀를 하는 일은 거의 없어. 그리고 꽃이 바로 앞에 있잖아. 벌새는 꽃꿀을 먹고 사는데, 절대 꽃을 나눠 갖지 않아!
"꺼져! 이건 내 꽃이야."
"무슨 소리! 내 꽃이라고!"
옆에서 분홍색 난초가 지켜보고 있어.
난초가 생각을 할 수 있다면 속으로 이런 생각을 하고 있을걸.
"흥! 아무나 와서 내 꿀을 먹고, 꽃가루나 어서 옮겨 주시지."
정글에서 꽃꿀을 먹고 꽃가루를 여기저기 옮겨 주는 새는
벌새뿐이거든. 다른 새들은 너무 커서 꽃에 앉을 수도 없고, 꿀을 먹기 위해 벌새처럼 정지 비행을 할 수도 없어.
벌새는 꽃송이보다도 작아. 가장 작은 벌새는 부리에서 꼬리까지 5센티미터, 몸무게가 1.8그램이야. 색종이 한 장 무게밖에 안 돼!
이렇게 작고 가벼운 새들은 날기도 쉬울 거야.

아니, 천만에!
작은 새는 날개도 너무 작아.
1초에 50번쯤 날개를 움직여야 해!

벌새

1초에 50번 날개를 퍼덕인다고? 터보 엔진을 달았어? 벌새가 로봇이야?

벌새는 정말로 미니 터보 엔진을 장착한 작은 헬리콥터 로봇 같아. 아니, 로봇보다 더 빨리 날개를 움직일 수 있어. **최고로 빨리 날 때는 1초에 80번, 100번도 날개를 퍼덕일 수 있어!** 날갯짓 속도가 너무 빨라 날개가 보이지도 않을 정도야. 새들이 날갯짓을 할 때는 보통 퍼덕퍼덕, 후두둑 소리가 나지만 벌새가 날 때는 부우우웅— 하고 정말로 벌이 날아가는 소리가 나.

벌새는 아주 작아서 아주 민첩하게 날 수 있어. 수많은 새들 중에 벌새만 전진, 후진, 옆으로 비틀어 날기, 수직 비행, 정지 비행을 완벽하게 할 수 있어.

그래서 첨단 공학자들은 지금 머리털 빠지게 연구 중이야.

벌새가 로봇을 닮은 게 아니야. 벌새를 닮은 로봇을 만들어! 적들의 의심을 받지 않고 목표물 가까이 접근해 정찰 업무를 수행할 스파이 로봇, 수색과 구조 작전에 투입될 경찰 도우미 로봇!

미국의 연구팀이 2009년에 벌새 로봇을 만들었을 때는 겨우 20초를 비행할 수 있었지만 지금은 8분까지도 가능해. 2019년에 미국의 퍼듀 대학교 연구팀은 인공 지능을 탑재한 벌새 로봇을 개발했어. 안타깝게도 아직은 실험실에서 꼬리에 전선줄을 달고 비행 연습 중이야.

벌새 로봇(2019년 형)은
무게 12그램,
날개 길이 7센티미터야.

벌새 로봇을 만들 때 가장 힘든 건 에너지를 충전하는 거야.
벌새처럼 날게 하려면 에너지 소모량이 전투기와 맞먹을 정도야!
벌새는 정말로 에너지가 엄청나게 필요해. 날개를 그렇게 빨리
움직이려면 얼마나 힘이 많이 들겠어? 상상만 해도 이해가 돼. 벌새는
체온을 유지하기 위해서도 엄청난 에너지가 필요해.

작은 동물일수록 체온을 유지하기 위해 에너지가 더 많이 들어.

몸집이 작으면 작을수록 체온을 더 빨리 잃어. 피부로 열이
빠져나가는데, 몸속에 있는 모든 것들이 피부와 아주 가깝기
때문이야. 그건 커다란 얼음보다 작은 얼음이 더 빨리 녹는 것과 같아.
그래서 벌새는 아주아주 많이 먹어야 해. 조류학자들이 계산해
보았는데, 벌새보다 더 작은 새는 불가능하다는 결론을 내렸어.
만약에 벌새보다 더 작은 새가 있다면 끊임없이 먹어야 하고,
그러다간 배가 터져서 죽고 만다는 이야기야.
벌새는 하루 종일 고열량 식사를 해야 해. 하지만 작은 새가 손쉽게
먹을 고열량 식사가 숲에 널려 있을까?

있어! 그건 꽃의 꿀이야.

벌새는 하루에 1000송이가 넘는 꽃을 방문하고, 하루 동안에 자기 몸무게보다 더 많이 꿀을 마셔. 사람으로 치면 하루에 햄버거 300개를 먹는 것과 같아. 우웩! 토할 것 같아!

벌새는 이렇게 많이 먹어야 살 수 있지만 잠잘 때는 먹을 수가 없어. 그래서 벌새는 자다가 죽을 수도 있어! 헐! 그럼 어떡해?

벌새는 잠잘 때마다 거의 죽은 것처럼 되어서 에너지를 아껴. 심장 박동이 느려지고 숨도 거의 쉬지 않아!

벌새는 에너지를 너무 많이 써야 하기 때문에 특이하게 진화했어. 더 가벼워지기 위해 발이 아주 작아졌어. 벌새의 발로는 땅에서 제대로 뛰거나 걸을 수도 없어. 빨리빨리 몸 구석구석 피를 보내느라 심장도 너무 빨리 뛰게 되었어. 꼬마아이의 심장은 1분에 70번쯤 뛰고 생쥐의 심장은 1분에 400번쯤 뛰어. 하지만 날고 있는 벌새의 심장은 1분에 1200번 뛰어! 벌새는 쉬는 시간도 없어. 한두 시간만 꿀을 빨지 않아도 에너지가 없어서 굶어 죽어. 벌새는 왜 그렇게 싸워야 할까? 벌새는 자기 꽃을 절대로 다른 벌새에게 빼앗길 수 없는 거야! 벌새는 에너지를 얻기 위해 쉴 수도 없고, 무리도 짓지 않고, 늘 싸우며 살아야 해. 우리 눈에 보이는 대로 동물을 판단하면 안 돼. 다 그럴 만한 이유가 있다고!

구성(소용돌이 꼴)
오귀스트 에르뱅, 1939년경, 개인 소장
Photo © Christie's Images / Bridgeman Images - GNC media, Seoul, 2020

펭귄

음…… 뭔가가 서 있어. 무슨 동물일까? 펭귄이야! 펭귄처럼 검은색, 흰색이 있잖아. 날개와 눈, 부리도 있고. 하지만 진짜 펭귄과 똑같지는 않아. 하마터면 못 알아볼 뻔했어.

펭귄의 모습을 그대로 그리지 않아서 좋은 건 보는 사람이 마음대로 상상할 수 있다는 거야. 그림을 그린 오귀스트 에르뱅도 그러기를 바랄걸. 그림을 뚫어지게 쳐다보면 상상하는 대로 뭔가가 보일 거야. 앗, 펭귄이 파란 망토를 걸치고 있어! 슈퍼맨처럼 날고 싶은가 봐. 그런데 기운이 없어 보여. 배가 올쭉하게 들어갔어. 그러고 보니 엄마 펭귄 같은데? 앞에 새끼 펭귄이 부리를 크게 벌리고 있어. 그런데 정말 펭귄이 맞기는 맞는 거야?

그렇다니까. 아마도 황제펭귄일걸.

황제펭귄은
이렇게 생겼어!

황제펭귄은 목에 노란색 무늬가 있어.
오귀스트 에르뱅이 그린 펭귄에도 노란색 무늬가 있어.

펭귄은 전 세계에 18종이 살고 있어. 그중에서 남극 펭귄은 황제펭귄, 젠투펭귄, 턱끈펭귄, 아델리펭귄뿐이야. 황제펭귄은 남극 대륙 중에서도 가장 추운 곳에 살고, 가장 커다란 펭귄이야. 키가 120센티미터이고 몸무게는 40킬로그램쯤 돼. 뭐, 동생이랑 비슷하다고? 좋아, 통통한 동생이 하얀 티셔츠에 까만 턱시도를 입고 남극에 서 있다고 상상해 봐. 혹시 황제펭귄이 동생을 친척이라고 생각할지 몰라. 동생이랑 펭귄이랑 비슷한 게 또 있는데, 동생도 날 수 없고, 펭귄도 날 수 없다는 거야. 펭귄이 하늘을 날아간다면 정말 웃길 텐데. 명화처럼 파란 망토를 걸친 펭귄이 부웅 날아오른다면 말이야. 하지만 펭귄은 날 수 없어. 펭귄은 너무 뚱뚱해. 날개가 있지만 날개가 너무 작고, 뼈는 너무 무거워!

하지만 먼먼 옛날 펭귄의 조상은 하늘을 날았을지 몰라.

하늘을 날지 못하게 되었어도 펭귄은 새야!

펭귄은 날 필요가 없는 새야.

펭귄이 사는 남반구 대륙과 섬에는 펭귄을 잡아먹을 만한 육상 포식 동물이 없어 도망다닐 필요도 없어. 그래서 펭귄은 날지 않아.

하지만 펭귄이 정말 새일까? 사람처럼 똑바로 서서 걸어 다니고, 따뜻한 털외투를 입고 있잖아. 혹시 포유동물 아니야? 혹시 물고기가 아닐까? 헤엄을 잘 치니까 말이야.

아니, 펭귄은 진짜 새야. 펭귄이 물고기라면 코와 발과 깃털 대신에 아가미와 지느러미와 비늘이 있어야지. 펭귄이 포유동물이라면 새끼를 낳아야 하고.

펭귄은 알을 낳아. 새니까 알을 낳는 거야.

겨울이 오면 황제펭귄들이 짝짓기를 하러 남극 대륙의 얼음 벌판 위로 모여들어. 암컷 펭귄이 알을 낳으면 수컷 펭귄이 알을 발등에 올리고 알주머니로 감싸고 서서 알을 품어. 조심조심! 알을 발등에서 떨어뜨리면 큰일이야. 1초 만에 알이 얼어 버려. 소중한 알이 얼어 버리면 큰일이야. 황제펭귄은 알을 가장 따뜻하게 품기 위해 알을 딱 1개만 낳는다고! 수컷 펭귄은 아무것도 먹지 않고 굶으면서 암컷이 새끼에게 줄 먹이를 배 속에 넣고 바다에서 돌아올 때까지 4개월 동안 낮이나 밤이나 그러고 있어. 날씨는 매일매일 영하 50도가 넘고, 무서운 눈보라가 몰아쳐. 너무 춥지 않을까?

아니, 괜찮아. 펭귄은 아주아주 촘촘하고 빽빽한 깃털이 있어. 황제펭귄의 깃털은 북극곰의 털외투만큼 따뜻해.

펭귄은 깃털이 있고, 알을 낳고 그리고 날개가 있어!

그러니까 새야!

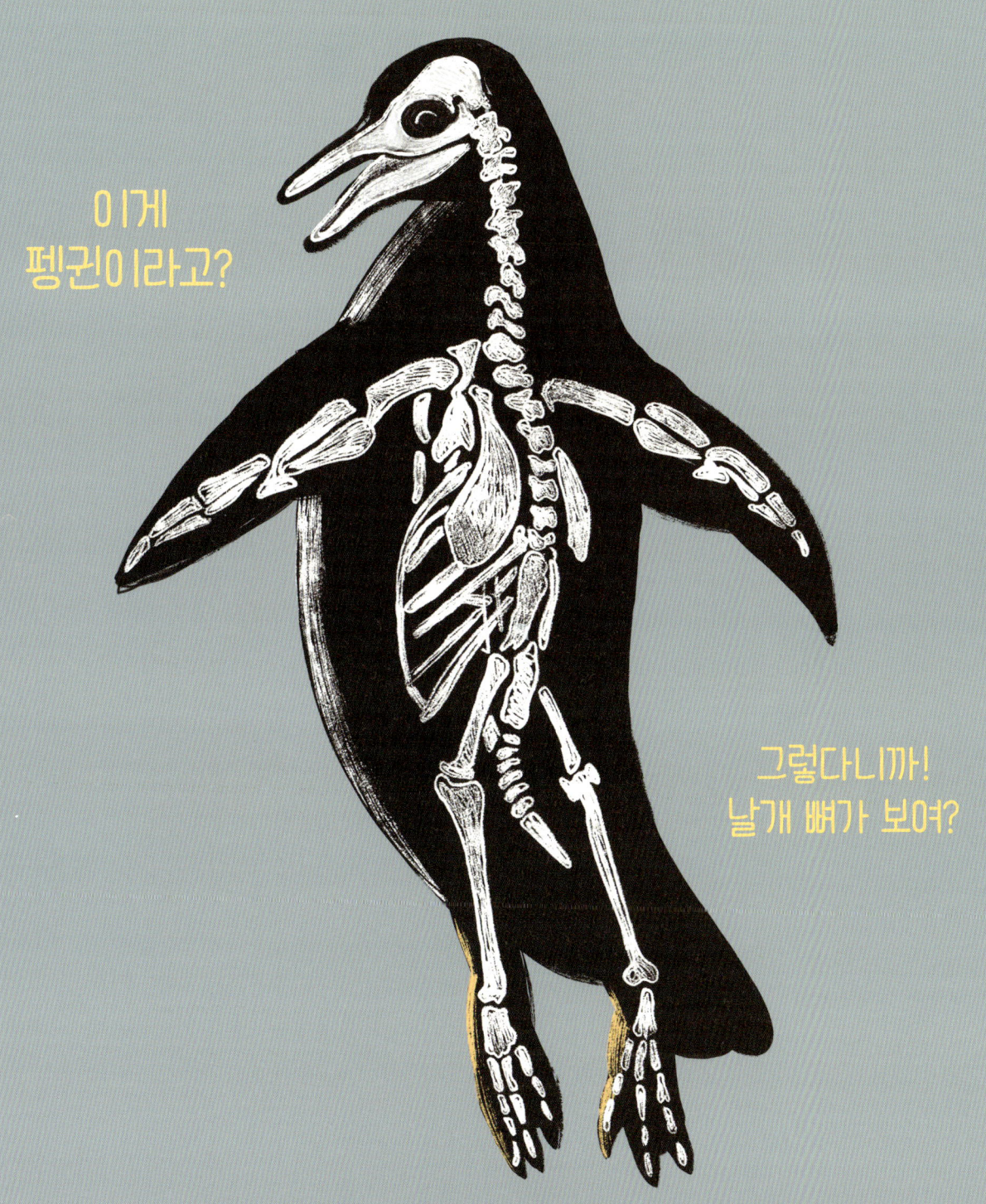

하지만 펭귄은 날개로 하늘을 날지 않아.
펭귄은 날개를 저으며 바다를 누벼!
남극의 펭귄들이 남극 대륙에 산다고? 아니, 그보다 더 긴 시간을
남극의 바다에서 살아!
펭귄이 뒤뚱뒤뚱 걸어서 우습게 보여?
물속에서 펭귄은 조금도 우습지 않아.

펭귄은 물속에서 나는 새야!

뾰족한 부리로 물을 가르고, 조그만 날개를 노처럼 저어. 펭귄이 두 발을 쭉 뻗어 살살 움직이면 물고기의 꼬리지느러미처럼 멋진 방향키가 돼. 차가운 바닷물 속에 있지만 빽빽한 방수 깃털과 두툼한 피하 지방 덕분에 펭귄은 조금도 춥지 않아. 쇠푸른펭귄은 뉴질랜드 섬에 사는 가장 작은 펭귄인데, 하루 종일 멸치를 잡으며 바다를 헤엄쳐. 황제펭귄은 바닷속에서 숨을 30분 동안 참을 수 있고, 520미터 깊이까지 잠수할 수 있어. 며칠 동안만 인어가 되어 펭귄이 바닷속을 누비는 모습을 마음껏 볼 수 있으면 좋겠어. 하지만 우리는 펭귄이 짝짓기를 하고 알을 낳으러 땅 위에 올라왔을 때나 볼 수 있을 뿐이야.

펭귄은 6000만 년 전부터
물속에서 '날게' 진화했어!

펭귄은 긴긴 시간 동안 바닷속에서 무얼 하는 걸까? 왜 인생의 반 이상을 물속에서 보내는 걸까?

철새가 먹이를 찾아서 해마다 머나먼 거리를 오고 가는 것처럼 황제펭귄도 먹이를 찾아서 해마다 남극의 대륙과 바다를 오가는 철새야! 황제펭귄이 철새라고? 그렇다니까! 남극의 얼음 벌판 위에는 먹을 게 하나도 없지만 바닷속에는 먹을 게 많아. 황제펭귄은 오징어와 남극 은암치, 조그만 크릴을 먹고 살아. 크릴을 먹여서 새끼들을 키우고. 그런데 요즘에는 사람들도 크릴을 먹고 있어. 영양제로 말이야. 아줌마, 아저씨들! 오메가3가 필요하면 호두나 많이 드시라고요!

크릴을 먹고 새끼가 무럭무럭 자라고, 새끼가 자라면 펭귄은 얼음 벌판을 떠나 저 멀리 바다로 돌아가. 뒤뚱뒤뚱 걷고 미끄러지며 마침내 남극 대륙의 얼음 끝에 도착해. 이제 바다로 뛰어들면 돼! 하지만 서로 밀면서 눈치작전을 벌여.

꿱꿱 꿱꿱! 네가 먼저 들어가!

아니, 네가 먼저 들어가!

바다에는 무서운 얼룩무늬물범이 기다리고 있거든. 먼저 뛰어들면 얼룩무늬물범에게 잡아먹힐 확률도 높아! 비겁해지더라도 오래 사는 게 낫지 않겠어? 결국 마음이 급하고 배가 고픈 펭귄 하나가 뛰어들어. 그제야 나머지 펭귄들도 뒤따라 뛰어들어.

바다로 슝~!

풍덩!
번식기가 되어 다시 알을 낳으러
남극의 얼음 위로 올라올 때까지
펭귄은 바다에서 살아.

찾아보기

가면올빼미 95
각인 38, 40, 41
검독수리 22, 53~57, 70
검은목고니 24
과 22
괭이갈매기 81, 83
구애 73, 74
꽁지깃 9, 12, 13, 44, 74, 112, 151
꿩 9, 17, 21, 56
날개 4, 14, 17, 25, 31, 44, 46~51, 53, 54, 65, 69, 70, 72, 74, 75, 82, 93, 112, 134, 143, 163~166, 169, 171~174
닭 9, 10, 96, 128, 146
둥지 36, 41, 44, 65, 75, 80, 82, 83, 105, 106, 110, 115, 119~123, 136, 148, 149
멧비둘기 91
목 20~22
무리 29, 33, 75, 78, 141, 145, 146, 149, 167
발톱 44, 53, 54, 57, 93, 94, 112, 143
백조 19, 20

번식 30, 40, 90
복원 센터 66, 67
부리 4, 21, 24, 41, 62~65, 66, 69, 70, 74, 77, 88, 94, 105, 109, 113, 115, 123, 126, 136, 142, 143, 146, 158, 162, 169, 174
분류 5, 20, 22, 23
비행 33, 44, 62, 67, 82, 99, 107, 162, 164
사다새 62
사랑앵무 159
서열 145~149
속 22
송골매 44
수리부엉이 95
수컷 12, 13, 17, 36, 74, 82, 83, 89, 105, 120, 128, 131, 172
아프리카흑따오기 65, 66
알 4, 12, 30, 36, 41, 75, 78, 80~83, 90, 105, 106, 122, 123, 126, 130, 172, 174, 177
암컷 12, 13, 17, 36, 73, 74, 82, 83, 89, 105, 120, 131, 172
양비둘기 91

찾아보기

염주비둘기　91
왕관앵무　159
왜가리　62
저어새　62, 63
조류학자　21, 29, 32, 46, 75, 80, 88, 131, 136, 137, 144, 154, 166
종　21, 22, 24, 30, 40, 162, 171
집비둘기　90
짝짓기　17, 22, 24, 36, 80, 90, 172, 174
참매　22, 44
천적　82, 90, 102, 119, 122
철새　29, 30, 32, 36, 66, 126, 134, 176
청딱따구리　113
칠면조　9, 10, 17, 21, 128
큰고니　24, 25
큰두루미　70
큰부리까마귀　143
털갈이　16, 17, 83, 158
텃새　30, 126, 134
트럼펫고니　24
펠리컨　62, 63,

해충　113, 120
혹고니　24, 25
황제펭귄　83, 169~172, 174, 176
황조롱이　122
회색앵무　156, 159
흑고니　24
흑비둘기　91
흰부리딱따구리　110, 113
히아신스금강앵무　159

참고 도서

배성환 지음, 《두루미》, 다른세상, 2000

콘라트 로렌츠 지음, 김천혜 옮김, 《솔로몬의 반지》, 사이언스북스, 2000

베른트 하인리히 지음, 강수정 옮김, 《동물들의 겨울나기》, 에코리브르, 2003

존 K. 테레스 지음, 팻 아처 그림, 이한음 옮김, 《새들은 정말 어떻게 날까?》, 지호, 2004

폴 컬린저 지음, 신선숙 옮김, 《세계의 철새 어떻게 이동하는가?》, 다른세상, 2005

V. N. 쉬니트니코흐 지음, 이경아 옮김, 《나를 숲으로 초대한 새들》, 다른세상, 2006

김성호 지음, 《큰오색딱따구리의 육아일기》, 웅진지식하우스, 2008

클라우디아 루비 지음, 신혜원 옮김, 《수족관 속의 아인슈타인》, 열대림, 2008

헬무트 프라이어 외, 논문 <까치 거울 유발 행동: 자기 인식의 증거>, 플러스원 바이올러지, 2008

이원영 외, 논문 <사람을 인식하는 야생 조류: 까치 실험>, 동물 인지(Animal Cognition), 2011

소어 핸슨 지음, 하윤숙 옮김, 《깃털: 가장 경이로운 자연의 걸작》, 에이도스, 2013

팀 버케드 지음, 커트리나 밴 그라우 그림, 노승영 옮김, 《새의 감각》, 에이도스, 2015

노아 스트라이커 지음, 박미경 옮김, 《새》, 니케북스, 2017

팀 버케드 지음, 소슬기 옮김, 《가장 완벽한 시작》, MID, 2017

김창회 지음, 《새의 번식》, 국립생태원, 2018

마츠바라 하지메 지음, 김봄 옮김, 《까마귀책》, ㅁㅅㄴ, 2018

맷 슈얼 지음, 최은영 옮김, 《올빼미와 부엉이》, 클, 2019

필리프 J. 뒤부아, 엘리즈 루소 지음, 맹슬기 옮김, 《새들에 관한 짧은 철학》, 다른, 2019

노아 스트라이커 지음, 권기호 옮김, 《포토 아크, 새》, 사이언스북스, 2020

차이진원 지음, 박소정 옮김, 《새는 건축가다》, 현대지성, 2020